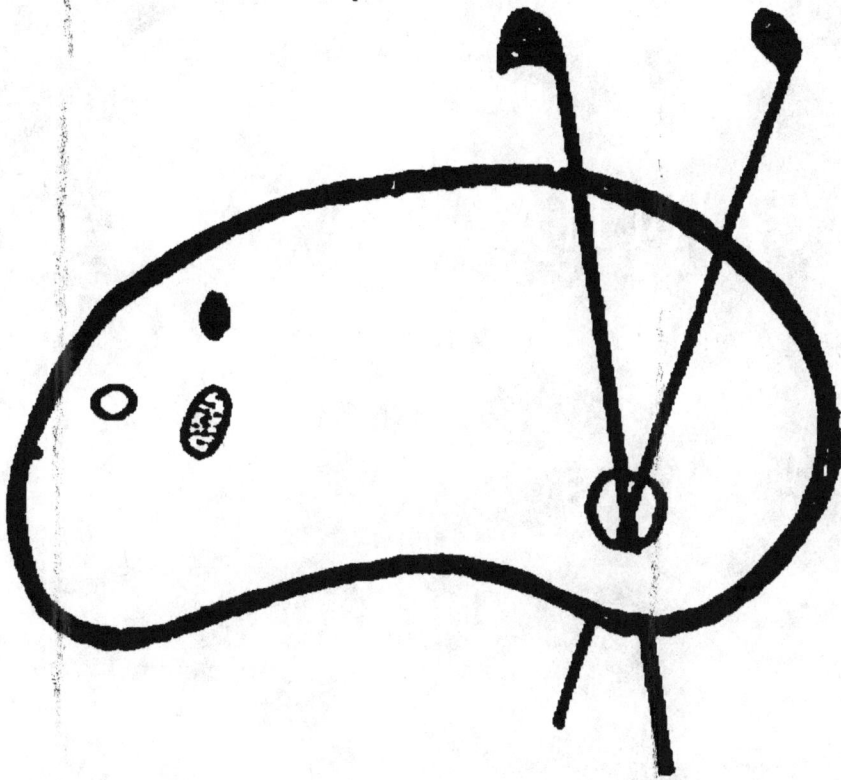

COUVERTURE SUPERIEURE ET INFERIEURE
EN COULEUR

CARTHAGE

AUTREFOIS

CARTHAGE

AUJOURD'HUI

✴✴✴

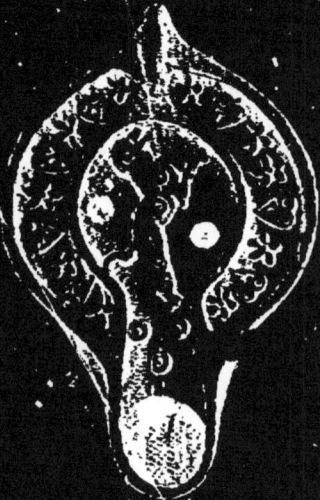

DESCRIPTION

ET

GUIDE

AVEC GRAVURES & UN PLAN

PAR

LE P. A. VEILLARD,

des Missionnaires d'Afrique

Pères Blancs,

LILLE

PAR EN. V. G. TOUROUMER

1896

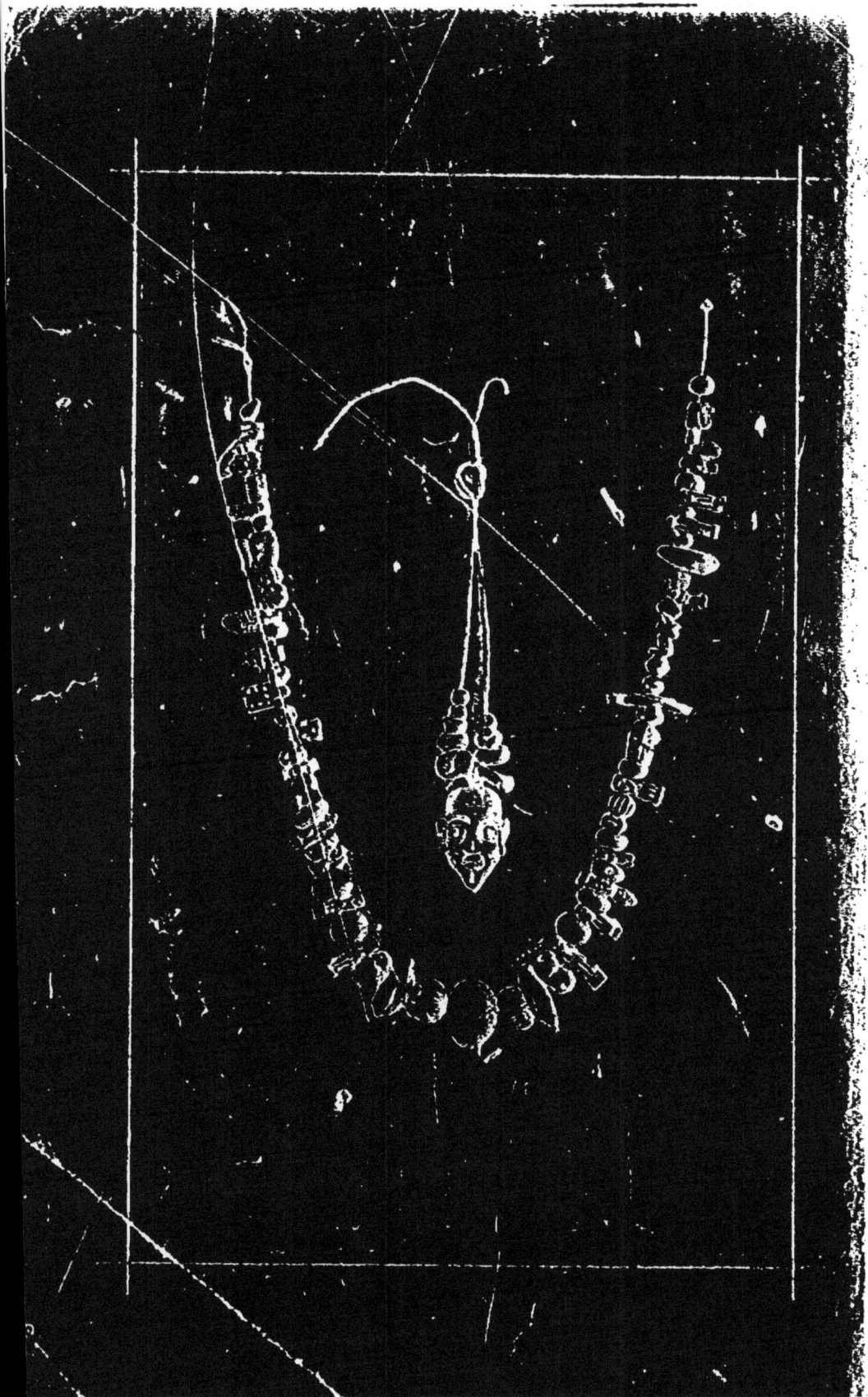

CARTHAGE

AUTREFOIS

CARTHAGE

AUJOURD'HUI

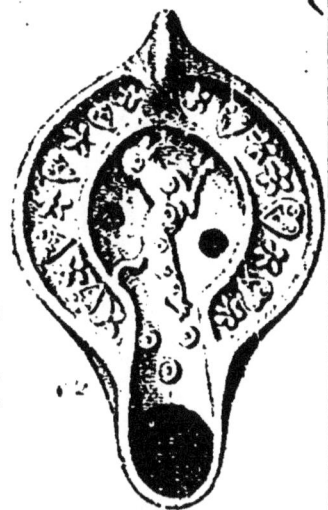

DESCRIPTION

ET

GUIDE

AVEC GRAVURES & UN PLAN

PAR

LE P. A. VELLARD

des Missionnaires d'Afrique

(Pères Blancs)

LILLE

IMPRIMERIE Victor DUCOULOMBIER

Rue de l'Hôpital-Militaire, 78

1896

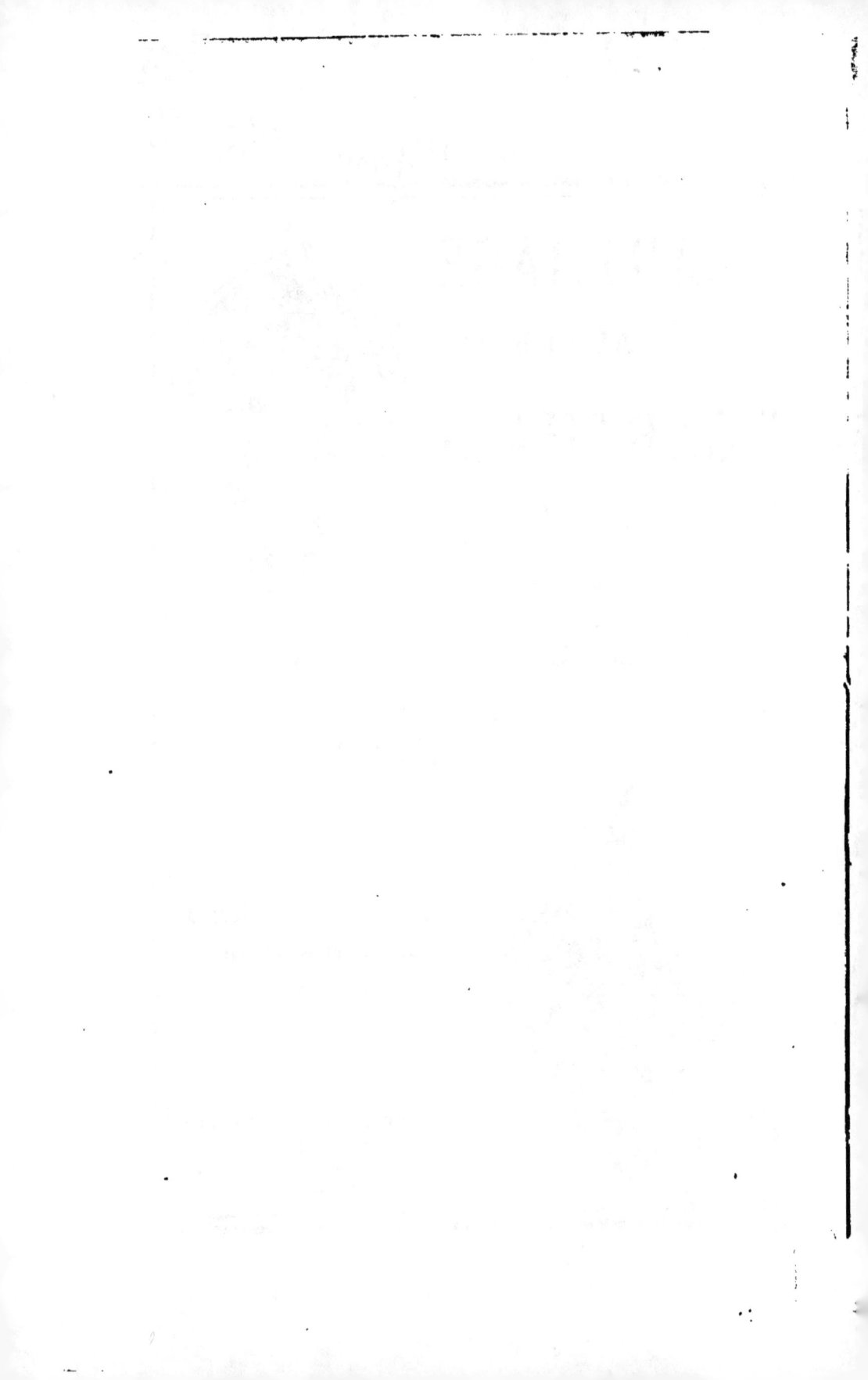

AU LECTEUR,

Carthage, depuis quinze ans surtout, attire l'attention du monde religieux et savant. Il est d'un grand intérêt de connaître, non plus d'après les récits des historiens de l'antiquité, mais d'après les travaux les plus récents, cette ville qui fut pendant de si longues années la rivale de Rome.

Les savants ont recherché ses origines, les archéologues ont fouillé son sol, l'Église, grâce surtout au zèle du Cardinal Lavigerie, a vu la restauration du siège de saint Cyprien.

Tous ces travaux, toutes ces œuvres ont été l'objet de nombreuses publications qui, en raison de leur grand nombre, de leur caractère spécial et même de leur prix élevé, ne peuvent se trouver entre toutes les mains.

Aussi, avons-nous eu la pensée d'en extraire et de résumer ce qui nous a paru le plus important, afin d'en former la présente brochure. Nous avons puisé aux sources les plus autorisées : Lettres, mandements, discours du Cardinal Lavigerie; opuscules divers du R. P. Delattre, notes et rapports de M. le marquis de Vogüé, de MM. Ed. Le Blant, Héron de Villefosse, membres de l'Institut; revues archéologiques de France et d'Algérie, etc.

Après un court résumé de l'histoire de Carthage, une notice historique et descriptive sera consacrée aux monuments de l'antiquité dont les ruines subsistent encore, ainsi qu'aux édifices nouveaux, dus presque tous à la puissante initiative du Cardinal Lavigerie.

S. E. le Cardinal LAVIGERIE (1825-1892).

CHAPITRE I

UN MOT D'HISTOIRE SUR CARTHAGE

I. — Carthage punique

Les poètes, qui ont l'heureux privilége de tout embellir, font voir à Énée et à ses compagnons — les plus anciens voyageurs qui, après Didon, auraient abordé à Carthage, à l'époque si incertaine de ses origines — les merveilles de cette ville naissante.

Du sommet de Byrsa, la foule des Troyens admire la masse imposante des constructions qui s'élèvent, l'étendue des remparts, la force de la citadelle. Leur étonnement redouble à la vue du mouvement qui règne dans les rues et sur les places publiques : les magistrats rendent la justice, le Sénat tient ses séances, les ouvriers creusent les ports ou jettent les fondations des théâtres, d'autres dressent d'immenses colonnes (1).

Pendant ce temps, Didon fait son entrée dans le temple dédié à Junon ; après l'offrande des sacrifices, elle vient au milieu d'un brillant cortége s'asseoir sous les arcades d'un vestibule couvert qui précédait le sanctuaire, afin de rendre la justice à son peuple : c'est à ce moment qu'elle reçoit la visite d'Énée et de ses compagnons (2).

Mais la poésie est-elle un écho fidèle de la vérité ?

Si Énée est venu à Carthage, ç'a été quelques années seulement après la prise et la destruction de Troie par les Grecs.

A cette époque, Carthage semble n'avoir été qu'un comptoir, un *emporium*, de fondation récente, habité par une colonie phénicienne qui échangeait avec les indigènes du littoral et de l'intérieur les produits apportés par les vaisseaux de ses marchands.

---

(1) Virgile. Enéide. I, 422 et suiv.
(2) Virgile. Enéide. I, 509 et suiv.

Ces commerçants, d'humeur peu guerrière, avaient élevé, comme il est naturel de le supposer, leurs maisons, fort modestes d'ailleurs, non loin de la plage. La plupart d'entre eux conservaient l'espoir de retourner, après avoir fait fortune, jouir dans la Métropole de leurs richesses. On ne voyait donc ni Agora, ni théâtres (1); peut être un rempart protégeait-il l'*emporium* contre les incursions des tribus voisines.

Byrsa d'abord, et plus tard les autres collines de Carthage, devinrent, d'après un usage apporté d'Orient, la nécropole de la ville primitive.

De Didon, Énée en aurait ignoré même le nom; la fille de Bélus n'aurait, suivant l'opinion commune, abordé à Carthage que deux cent cinquante ans après le siège de Troie.

Si elle n'eut pas la gloire de fonder Carthage, Didon eut du moins l'honneur d'obtenir du roi d'Utique (la ville Antique, la vieille ville) la concession de terrains, situés près de l'*emporium* déjà existant. Avec les richesses apportées de Tyr et les ressources d'une civilisation plus avancée, cette princesse jeta les fondements d'une ville nouvelle, comme son nom l'indique *(Kart-Hadach)* avec ses édifices publics, son port, ses remparts.

L'importance de Carthage eut un accroissement rapide : elle dut, en effet, sa prospérité non seulement aux avantages de sa position, puisqu'elle occupe le centre de la Méditerranée, mais aussi à ses nombreux comptoirs commerciaux qu'une flotte bien équipée mettait sans cesse en relation avec la Métropole.

Elle dut se mesurer avec Rome et lui disputer l'empire du monde dans trois guerres mémorables.

A la suite de la première (246-241), Carthage perdit la Sicile; après la seconde, malgré le génie, l'habileté et les victoires d'Annibal, « Carthage, autrefois la maitresse de toute l'Afrique, de la mer Méditerranée, et de tout le commerce de l'univers, fut contrainte de subir le joug que Scipion — le vainqueur de Zama — lui imposa (2) (201). »

---

(1) A l'époque punique, Carthage paraît n'avoir pas eu de théâtre; celui dont Apulée nous a laissé une description, semble avoir été construit par l'empereur Auguste (Dureau de la Malle, *Recherches sur la topographie de Carthage*, p. 85 et p. 191).

(2) Bossuet. Discours sur l'histoire universelle, 3e partie, ch. vi.

Enfin, cinquante ans après (149), sur l'ordre du Sénat de Rome, où Caton le censeur ne cessait de demander la ruine de Carthage, « *Delenda Carthago*, » Scipion Emilien « alla porter la guerre aux Carthaginois dans leur propre ville, et donna le dernier coup à leur empire (1). » Carthage fut détruite, (146) et son territoire réduit en Province Romaine sous le nom de *Provincia Africa*.

II. — Carthage Romaine

Le Sénat de Rome, redoutant la puissance du tribun C. Gracchus, lui confia la mission, en 122, de conduire et d'installer une colonie au milieu des ruines de Carthage. Jules César, et après lui, Auguste, continuèrent l'œuvre de C. Gracchus, et l'achevèrent en faisant de Carthage la capitale de l'Afrique Proconsulaire. Sous les Antonins, et plus tard, aux troisième et quatrième siècles, elle rivalisait de splendeur avec Rome. Elle fut comprise dans la Zeugitane et la préfecture d'Italie, et devint le chef-lieu du diocèse d'Afrique.

III. — Carthage Chrétienne

Sa Sainteté le Pape Léon XIII dans la bulle *Materna Caritas*, résume en quelques lignes l'histoire de l'Eglise de Carthage.

« L'Eglise d'Afrique est née de l'Eglise Romaine, le nom chrétien y fait de rapides progrès; le deuxième siècle n'est pas achevé que les diocèses sont définis, limités suivant le rite; l'Eglise d'Afrique fournit à l'Eglise Catholique plusieurs papes : saint Victor (2), saint Melchiade (3).

» A un court intervalle, une grande quantité d'hommes

---

(1) Bossuet. *Ibid*.

(2) Saint Victor, pape de 185 à 197, fixa la fête de Pâques au dimanche qui suit le 14 jour de la lune de mars. Il souffrit le martyre sous Septime-Sévère. Fête le 28 juillet.

(3) Saint Melchiade, pape de 311 à 314, combattit l'hérésie des Donatistes. Il souffrit la persécution sous Maximien et mourut sous Constantin.

savants et grands s'y élève : Cyprien (1), Tertullien (2), Aurélius (3), Evode (4), Possidius (5), et celui de tous qui a le plus illustré, non-seulement l'Afrique, mais la république chrétienne tout entière, Augustin (6).

» Carthage préside aux débuts de l'Eglise Africaine : son évêque réunit les conciles, donne des réponses aux évêques, consulte l'Eglise de Rome.

» Ce n'est pas seulement par la dignité, c'est aussi par l'exemple des vertus chrétiennes que Carthage a semblé l'emporter. En effet, si on excepte Rome, on ne trouvera pas une autre ville qui ait enfanté tant de martyrs et tant d'hommes illustres pour l'Eglise et pour le ciel : citons sainte Félicité et sainte Perpétue, saint Cyprien.

» Dans les conciles sont pris des décrets fort sages, dont beaucoup survivent, et dont l'autorité a été très efficace pour comprimer les hérésies, pour conserver religieusement la discipline morale dans le clergé et dans le peuple : tant de fruits salutaires doivent être rapportés surtout à l'union avec le siége apostolique, union dont elle retira un double bienfait : dans ses plus grands malheurs, elle y

---

(1) Saint Cyprien, né à Carthage, y professa la rhétorique, et devint évêque de Carthage en 248. Il fut décapité, aux portes de sa ville épiscopale, le 14 septembre 258, lors de la persécution de Valérien.

(2) Tertullien, né à Carthage en 160, mort vers 245, après avoir composé d'admirables traités pour la défense de la foi catholique, tomba dans le Montanisme.

(3) Aurélius, était diacre de Carthage, lorsqu'il fut élevé à l'épiscopat en 391. En 393, il présida le premier des conciles qu'il a tenus et dont le nombre s'est élevé jusqu'à vingt. Il mourut après l'an 426. Ce fut lui qui consacra au culte du vrai Dieu le temple de la déesse Céleste.

(4) Evode, évêque d'Uzali, à douze milles d'Utique (auj. El Alia) écrivit le livre des Miracles de saint Etienne. Il avait élevé dans sa cathédrale une chapelle au saint diacre, premier martyr.

(5) Possidius, évêque de Calama (Guelma) écrivit la vie de saint Augustin. Fêté le 16 mai.

(6) Saint Augustin, né à Tagaste (Souk Ahras) en 354, d'abord professeur à Carthage, puis à Rome et à Milan, abjura, grâce aux larmes de sa mère sainte Monique et aux exhortations de saint Ambroise, l'erreur des Manichéens, reçut le baptême des mains de saint Ambroise. Après la mort de sa mère, il retourna à Hippone, fut ordonné prêtre par Valère, évêque de cette ville. En 395, il succéda à Valère, et consacra sa vie à la défense de la foi, par ses écrits et ses prédications. Il mourut âgé de 77 ans en 430, quelques semaines avant la prise d'Hippone par les Vandales.

trouva toujours un refuge et une consolation; puis forte
de l'enseignement des pontifes romains, elle repoussa en
partie, en partie éteignit les plus pernicieuses hérésies. »

IV. — Carthage Vandale

En 429, appelés par le comte Boniface, les Vandales
passent le détroit. Deux haines les animent : celle du
barbare contre la civilisation, celle de l'hérétique contre le
catholicisme. Genséric s'empare de Carthage, en 439. Six
rois obéissant à leur sauvagerie native et à leur insatiable
cupidité, mettent pendant 104 ans le nord de l'Afrique à
feu et à sang. A la fin, fatiguée de ce joug honteux, Carthage, évoquant le souvenir de sa gloire passée, appelle à
son secours les Empereurs d'Orient.

V. — Carthage Byzantine

Bélisaire, sur l'ordre de Justinien, aborda en Afrique,
avec une flotte de 600 vaisseaux et une puissante armée,
après trois mois d'une heureuse traversée. Gélimer, vaincu
dans un premier combat, ne trouva aucun appui dans le
peuple. Le 13 septembre 534, veille de la fête de saint
Cyprien, Carthage se rendit d'elle-même à ses libérateurs.
Délivrée des Vandales ariens et rendue à la foi, Carthage
allait renaître et redevenir peut-être digne de son passé !
Mais un deuil immense s'étendit bientôt sur elle, et la
plongea, avec l'Afrique entière, dans la plus effroyable
désolation.

VI. — Carthage sarrazine

« Au VIIᵉ siècle (en 698) les Sarrazins, ennemis du nom
chrétien — sous la conduite d'Hassan — après avoir ravagé
ces provinces comme un ouragan et imposé aux indigènes
le joug d'une cruelle servitude, pillèrent Carthage déjà lasse
de tant d'épreuves. Ils y apportèrent la ruine complète et
la dévastation de l'Église, et mirent fin à la domination
byzantine (1 ». Les kalifes Fatimites tenteront vainement
la restauration de la cité détruite.

---

(1) Bulle : *Materna Caritas.*

VII. — Saint Louis

En 1270, saint Louis venu, à la tête de la huitième croisade, avec le désir de « chrestienner le roi de Thunes et son peuple », n'eut pas de peine à s'emparer de Carthage, qui n'était plus qu'un hameau. C'est au milieu de ses ruines qu'expira le saint roi, succombant au fléau qui ravageait ses troupes, le lundi 25 août 1270.

VIII. — Charles-Quint

En 1535, ce prince, vainqueur de Barberousse (Kheir-ed-din) ne trouva plus guère de l'antique cité, que des colonnes ou des œuvres d'art éparses dont il chargea ses vaisseaux.

IX. — Carthage Française

Au mois de mai 1881, l'armée française campait à Carthage; le douze du même mois, le bey de Tunis, Mohammed-es-Sadok par le traité du Bardo, plaçait ses Etats sous le protectorat de la France. Déjà, en 1875, le cardinal Lavigerie avait entrepris la construction, à Carthage, d'une basilique en l'honneur de saint Louis. Plus tard, il consacra les efforts de son zèle apostolique à la résurrection matérielle et religieuse de l'ancienne Métropole de l'Afrique. Bientôt, espérons-le, sera complètement réalisé le vœu du Cardinal : *Instauranda Carthago*.

Cachet
(N.-S. ressuscitant Lazare).

CHAPITRE II

I. — CIMETIÈRE des "OFFICIALES"

Les associations. — On sait que la loi romaine reconnaissait à tous, citoyens et esclaves, le droit de former des associations funéraires. Chacun des membres versait de son vivant une cotisation dont le produit servait à l'acquisition d'un terrain, qui, devant servir de cimetière, se trouvait ainsi que l'exigeait la loi des XII tables, en dehors de l'enceinte des villes. A la mort de chacun des membres, l'association se chargeait du soin des funérailles. Les pauvres, les esclaves surtout, avaient donc en mourant, la douce consolation de savoir que leur corps serait non pas laissé sans sépulture, mais déposé dans le *praedium* de l'association.

Découverte de deux cimetières (1). — Comme toutes les provinces de l'empire, Carthage jouissait du bienfait de ces associations. A gauche de l'amphithéâtre, et en dehors des anciens remparts, on a découvert deux cimetières, renfermant les cendres des *Officiales* de la maison impériale, mis par l'Empereur au service du *Tabularium* de Carthage.

Description des cimetières. — Ces cimetières forment une aire rectangulaire d'environ mille mètres carrés, et complètement entourée d'un mur de o m. 55 d'épaisseur. Les Arabes désignent cet emplacement sous le nom de Birel-Djebbana.

Les tombes se pressent sans ordre, les unes contre les autres. Ce sont des cippes carrés, d'une forme toute parti-

---

(1) P. Delattre. Fouilles d'un cimetière romain, à Carthage, en 1884 (Extrait de la *Revue Archéologique*).

culière, mesurant environ 1 m. 50 de hauteur sur une largeur variant de o m. 60 à o m. 75 centimètres.

Les cippes sont construits en maçonnerie; à l'extérieur, ils sont revètus d'un enduit sur lequel étaient moulés en stuc ou figurés en couleur, chapiteaux, colonnettes, guirlandes, oiseaux, fleurs, génies funéraires.

A l'intérieur, ils renferment, noyées dans la maçonnerie, des urnes de toutes formes et de toutes dimensions, destinées à recevoir les cendres des défunts. Un conduit de terre cuite mettait ces urnes en communication avec l'extérieur. chaque cippe formait ainsi un véritable autel; par le conduit, les parents et les amis du défunt introduisaient les libations faites aux mânes du mort. Les urnes restées vides recevaient les cendres d'un nouveau défunt. On y introduisait aussi des monnaies, souvent hors d'usage, pour permettre à l'àme du mort de payer son passage sur la barque du Nocher des Enfers, ainsi que des lamelles de plomb sur lesquelles un sorcier avait écrit soit des incantations, soit des formules imprécatoires.

Autour des tombes, et surtout dans une niche ménagée à la base du cippe, sous l'urne funéraire, on a retrouvé de nombreuses poteries, des figurines en terre cuite, des épingles de cuivre et d'ivoire, des lacrymatoires en verre et une grande quantité de lampes dont une centaine portent la marque du potier.

L'épitaphe était gravée sur une plaque de marbre, scellée le plus souvent sur la face du cippe, quelques centimètres au-dessous de la corniche qui lui sert de couronnement. Plus de six cents épitaphes nous ont fourni avec les noms, les diverses fonctions des *Officiales* du *Tabularium* de Carthage: ce sont des *Tabularii*, des *Librarii*, *Notarii*, *Poedagogi*, *Mensores*, *Agrarii*, des *Cursores* et leurs aides, des *Pedisequi*, des soldats. des médecins, et même un philosophe, une nourrice et une danseuse.

Les 289 épitaphes trouvées d'abord dans le premier cimetière. nous donnent 187 noms d'hommes et 100 de femmes. Le total des esclaves est de 130 dont 105 hommes: les affranchis sont au nombre de quinze, dix hommes et cinq femmes.

Les 295 épitaphes du second cimetière mentionnent le nom de 160 hommes et de 135 femmes: sur ce nombre, il y a 19 affranchis et 110 esclaves.

Les corps déposés dans ces deux cimetières n'ont pas tous subi la crémation. En ces cas, exceptionnels d'ailleurs, la tombe extérieure, de forme demi-cylindrique, reposait sur une base rectangulaire. Sous l'une d'elles, à la profondeur de 1 m. 15, on a trouvé un bloc de plâtre, dans lequel avait été déposé le corps d'un enfant dont il a conservé la forme. Cette curieuse sépulture a été transportée au Musée.

II. — VILLA DE SCORPIANUS ET TOMBES CHRÉTIENNES

I. — Villa de Scorpianus (1)

On donne le nom de *Villa de Scorpianus* aux ruines d'une maison romaine située à deux cents mètres environ du *cimetière des Officiales*, sur le bord de la route qui de la station de la Malga conduit au village de Sidi-Daoud.

De l'ensemble des constructions, il ne reste dans un état de conservation assez parfaite que l'*impluvium*, bassin long de plus de 10 mètres et large de 4 m. 80, se terminant en hémicycle aux extrémités. Plusieurs degrés servaient à y descendre. Sur les bords de ce bassin, on remarque la place de la base des colonnes qui, disposées régulièrement au nombre de dix, devaient soutenir le toit du *compluvium*. Une de ces bases est encore en place, et on retira des déblais un chapiteau de l'ordre corinthien, d'un beau travail. Toutes les colonnes avaient disparu. Le fond du bassin est formé d'une mosaïque simple et grossière que recouvre une couche de calcaire, épaisse de plusieurs centimètres, et semblable à celle que l'on remarque sur les parois du conduit de l'ancien aqueduc de Carthage.

Dans une des salles voisines, on découvrit un fourneau ou hypocauste, formé de piles de tuiles noircies par la fumée. Un corridor étroit aboutit dans une grande salle qui était encore pavée de sa splendide mosaïque, et décorée de peintures murales. Dans un angle de cette salle, existe

_____

(1) Missions Catholiques.

un bassin demi-circulaire, et près de là git un bloc de maçonnerie revêtu sur deux côtés d'un enduit peint, sur lequel on voyait un cygne fort bien exécuté. Une salle plus petite avait une mosaïque d'une finesse extrême et d'un goût parfait : des ornements d'une grande délicatesse, des oiseaux pleins de vie et de mouvement, des personnages représentant les saisons et divers autres sujets champêtres.

Les parties principales de cette mosaïque, dont le travail indique une belle époque, ont été transportées au musée de Saint-Louis. L'inscription SCORPIANVS IN ADAMATV, trouvée au milieu d'une de ces salles, permet ainsi de donner un nom à cette villa.

II. — Tombes chrétiennes (1)

Les travaux de déblaiement de la *Villa de Scorpianus*, dont le niveau se trouvait à près de quatre mètres au dessous du sol actuel, amenèrent la découverte de quelques sépultures chrétiennes, d'une époque postérieure, dépourvues d'inscriptions, et dans lesquelles on reconnaissait des plaques de marbre empruntées aux cimetières païens du voisinage. Près de ces tombes, on trouva des lampes, les unes païennes, les autres chrétiennes, des épingles d'ivoire en grand nombre, et une monnaie de Gordien.

III. — AMPHITHÉÂTRE et CHAPELLE des Stes FÉLICITÉ et PERPÉTUE

I. — Amphithéâtre

I. Autrefois. — A l'ouest de la colline de Byrsa, du côté opposé à la mer, tout près de l'enceinte de Carthage, s'élevait l'amphithéâtre. Un historien arabe du XIIe siècle, Edrisi, nous en a laissé une intéressante description : « Cet édifice (auquel il donne, mais à tort, la forme circulaire) se composait, dit-il, d'environ cinquante arcades; chacune

(1) Missions catholiques.

d'elles embrassait un espace de 23 pieds, soit environ 1150 pieds de circonférence. Au-dessus de chacune d'elles, s'élevaient cinq autres rangs d'arcades, les unes au-dessus des autres, de même forme et de même dimension, construites en pierres d'une incomparable beauté : au sommet de chaque arcade était un cintre circulaire, où se voyaient différentes figures et représentations curieuses d'hommes, d'animaux et de navires sculptés avec un art infini. En général, on peut dire que les autres et les plus beaux édifices de ce genre ne sont rien en comparaison de celui-ci (1). »

A chacune des extrémités s'ouvrait une porte : la porte dite *Sanavivaria* et la porte dite *Mortualis*. Par la première, se retiraient les combattants, à qui, par une rare pitié, on faisait grâce de la vie. la seconde était réservée à ceux que l'on achevait au *spoliarium*. Les *carceres* ou prisons, fermées par des herses de fer. étaient sous le *podium*.

Principaux martyrs. — Après Rome, Carthage est la ville qui a donné le plus de martyrs à l'Eglise. Les plus célèbres sont Félicité et Perpétue « nobles femmes dont la victoire a été d'autant plus admirable que la faiblesse de leur sexe a plus longtemps résisté aux tortures les plus raffinées (2). » Elles combattirent et moururent pour la foi dans cet amphithéâtre, le 7 mars 202, avec leurs compagnons Saturninus, Revocatus et Satur.

Du temps de Tertullien, l'amphithéâtre retentit souvent des cris de la foule païenne : « *Areae non sint !* Plus de cimetières ! » Dès 247, le peuple excité contre les chrétiens, poussait dans cette même enceinte les cris de : « *Cyprianus ad leones !* Cyprien aux lions ! »

État actuel. — Ce monument célèbre était encore debout au temps d'Ibn-Ayas (16e siècle) qui, après Abou-Obaïd Bekri (1082 après J.-C.), Edrisi (1154) et Ibn-el-Ouardi (14e siècle) nous en a conservé une description qui témoigne de l'état de conservation de cet édifice.

---

(1) Son ouvrage, composé en l'an 548 de l'hégire (1154 après J.-C.), a été publié par le *Nouveau journal asiatique* (T. I p. 375), sous le titre de *Géographie d'Edrisi*, traduite par M. Amédée Jaubert.

(2) Léon XIII. Bulle *Materna Caritas* pour le rétablissement du siège primatial de Carthage.

Aujourd'hui, il n'en reste plus que des ruines. Les traces en sont visibles et parfaitement reconnaissables, à quelques pas de la station de la Malga. « Cette arène ensanglantée, écrivait en 1862 M. Victor Guérin (1), est retournée par la charrue ; les caveaux où l'on renfermait les bêtes féroces sont détruits ou obstrués ; les gradins où se pressaient tant de milliers de spectateurs ont disparu totalement, et le souvenir seul de tous les drames sanglants qui y furent joués, a survécu à ce monument anéanti. »

Le Cardinal Lavigerie a voulu acquérir cet emplacement sacré. Au milieu de l'arène, il a fait élever une croix au pied de laquelle, comme au Colisée de Rome, la foi devient plus vive, le dévouement plus généreux, la prière plus fervente.

Plusieurs tranchées ont permis de constater la présence de substructions en pierres de grand appareil ; on y a trouvé, avec de rares débris de marbres, et quelques lampes chrétiennes, des fragments de sièges portant des noms gravés sur la face.

II. — Chapelle de Saintes Félicité et Perpétue

« Combien je voudrais être assez riche, écrivait le 9 mai 1885 le Cardinal Lavigerie, pour élever dans l'amphithéâtre un monument, une chapelle à la mémoire de Félicité, de Perpétue et de tant de saints martyrs ! Combien je voudrais qu'à mon défaut, quelque généreux chrétien voulût du moins le faire ! »

Ce désir du Cardinal Lavigerie a été entendu.

Déjà en 1881, des fouilles entreprises aux frais d'un membre de la Société de Géographie de Paris, M. Hercule Morel, avaient amené la découverte d'une voûte souterraine ayant servi de prison aux martyrs ou de loge aux bêtes. Mais les recherches avaient été abandonnées à cause de l'énorme dépense qu'entraînait le déblaiement.

Grâce à des offrandes recueillies par le R. P. Jaubert, des Bénédictins de Marseille, qui voulut s'intéresser à cette œuvre et y intéresser plusieurs personnes généreuses, les fouilles ont pu être continuées. La voûte découverte en

_____

(1) Victor Guérin. *Voyage dans la Régence de Tunis*. 1re partie ch. 3.

1881 fut entièrement déblayée et transformée en chapelle. On la pava de marbre blanc. La table de l'autel est en marbre jaune provenant du temple d'Esculape, et les supports sont deux tronçons de colonnes de marbre vert antique, provenant de l'ancienne basilique chrétienne de Damous-el-Karita, où elles portaient le *ciborium* de l'autel.

Une porte double en fonte en ferme l'entrée, au-dessus de laquelle est placée une inscription suivante : « *Memoria SS. Perpetuæ, Felicitatis et sociorum, martyrum Carthaginiensium, ubi passi sunt.* »

Le 7 mai 1895, en la fête des saintes Félicité et Perpétue, auxquelles est dédié ce sanctuaire, et au jour même de l'anniversaire de leur glorieux martyre, S. G. Mgr Combes, archevêque de Carthage et primat d'Afrique, y célébra le premier le saint sacrifice de la Messe. Puissent de nouvelles ressources permettre bientôt la continuation et l'achèvement des fouilles dans cet amphithéâtre! C'est le spectacle des flots du sang chrétien répandu dans cette arène, non moins que le merveilleux accroissement de la vraie foi dans l'Eglise d'Afrique, qui inspira à un prêtre de Carthage, Tertullien, cette parole célèbre : « *Sanguis Martyrum, semen Christianorum,* » Sang de martyrs, semence de chrétiens !

II. — CIRQUE

I. — Description. — « A 600 pas des ruines de l'amphithéâtre, on distingue l'emplacement et l'enceinte d'un vaste cirque. Ce cirque mesure environ sept cents mètres de long sur cent mètres de large au milieu. La *spina*, mur bas et étendu, élevé en long dans l'arène de manière à la diviser en deux portions distinctes, mesure cinq mètres cinquante centimètres de largeur et environ trois cent cinquante mètres de longueur.

» Le cirque est aujourd'hui traversé obliquement par le chemin de fer; entre la Malga et Douar-ech-chott, des deux côtés de la voie on peut apercevoir la *spina*.

» Dans l'alignement de la *spina*, vers la mer, se trouve une autre ruine. Sa forme et son élévation, portent à présumer qu'elle était destinée à dominer le cirque tout entier, dont la forme ressemble à l'intérieur d'une

2

carène (1). » Ces débris seraient, d'après quelques savants, les ruines des *carceres* (écuries) et de l'édifice d'où le proconsul donnait le signal des courses.

II. — **Histoire.** — « Il est probable que l'Afrique ayant toujours été renommée pour l'excellence de ses chevaux, et les jeux Olympiques ayant commencé en Grèce dès le 7ᵉ siècle avant notre ère, Carthage dut avoir un hippodrome destiné aux courses de chars et de chevaux. A l'époque romaine, ce cirque dut être souvent le théâtre de luttes passionnées; car nous savons par saint Augustin (2) que les Carthaginois aimaient avec fureur cette sorte d'amusement (3). » Le Musée de Saint-Louis renferme, en effet, plusieurs *Tabulae execrationis*, ou tablettes magiques, employées par les Romains pour obtenir la victoire dans les courses. L'auteur de l'une de ces *Tabulae execrationis* s'adresse en ces termes à la puissance infernale : «... Arrête leur élan, leur vigueur (des *Aurigae*, cochers, et des chevaux) leur énergie, leur vitesse; enlève-leur la victoire; arrête leurs pieds, énerve-les afin que, demain dans l'hippodrome, ils ne puissent ni courir, ni tourner la borne, ni emporter la victoire, ni franchir la barrière de l'entrée du champ de course, ni s'élancer dans la carrière... »

Procope nous apprend (4) que cette enceinte servit de rendez-vous aux soldats qui se soulevèrent contre Salomon, leur général, lequel avait succédé à Bélisaire dans le commandement de l'Afrique.

V. — LA MALGA. — Citernes et aqueduc

I. — Autrefois

1. — **Citernes.** — « Parmi les curiosités de Carthage, dit Edrisi, sont les citernes dont le nombre s'élève à vingt-quatre, sur une seule ligne. La longueur de chacune d'elles

---

(1) Victor Guérin. *Voyage dans la Régence de Tunis*, t. I p. 40.
(2) Confessions. Livre VI, ch. 7.
(3) Victor Guérin. *Voyage dans la Régence de Tunis*, t. I. p. 41.
(4) Procope (Bell. Vand. II, 14, 18).

est de 130 pas, et sa largeur de 26. Elles sont surmontées par des coupoles, et dans les intervalles qui les séparent les unes des autres, sont des ouvertures et des conduits pratiqués pour le passage des eaux. Le tout est disposé géométriquement avec beaucoup d'art. »

Ce système de piscines constituait un rectangle assez régulier d'environ 225 mètres de longueur et 150 mètres de largeur, mais dont il est difficile actuellement de déterminer les véritables dimensions, à cause de la chute des voûtes et la destruction complète ou de l'enfouissement de ces citernes.

Elles furent dès le principe, et pendant longtemps alimentées par les eaux pluviales. En effet, les Carthaginois, outre les citernes particulières et les puits qu'ils avaient dû creuser en grand nombre, devaient avoir un système de vastes citernes publiques pour les besoins incessants et si divers d'une grande capitale. Une nécessité impérieuse les força à se construire de bonne heure des piscines publiques, destinées à suppléer à l'insuffisance des citernes particulières, et à recueillir les eaux pluviales. Ces piscines ressemblaient probablement à celles de la Palestine et de la Phénicie, et pouvaient consister simplement en de vastes bassins à ciel ouvert; plus tard, à l'époque romaine, elles furent voûtées et divisées, par conséquent, en plusieurs compartiments parallèles. Les citernes de la Malga, si ma conjecture est fondée, conclut avec raison M. Victor Guérin (1), sont donc puniques en ce qui concerne leur première origine; mais elles sont romaines par leur construction définitive.

II. — **Aqueduc.** — A l'époque de la domination romaine, une grande sécheresse qui désola l'Afrique, mit les citernes à sec. L'empereur Hadrien conçut alors le gigantesque projet d'amener à Carthage les eaux des montagnes au moyen d'un aqueduc.

Cet aqueduc, l'un des ouvrages les plus considérables que les Romains aient exécuté en Afrique, amenait à Carthage par un canal tantôt souterrain, tantôt porté sur de hautes et magnifiques arcades, les eaux limpides de deux sources abondantes, celle du Zaghouan et celle du Djougar.

_____

(1) Victor Guérin. *Voyage dans la Régence de Tunis*, t. 1 p. 41 et suiv.

On suit encore aujourd'hui sur un parcours de 128 kil.
les divers tronçons encore debout (341 arcs) de cet aqueduc
prodigieux qui, par un détour immense, franchissant
collines et vallées, disparaissant et reparaissant tour à tour
selon les accidents du sol, versait sans cesse dans les vastes
citernes de la Malga une eau intarissable qui, de là, se
répandait par de nombreux canaux dans la ville entière.

Il est probable qu'un canal spécial se dirigeait vers
l'amphithéâtre situé près de ces citernes, de manière à
pouvoir transformer, quand on le voulait, l'arène en
naumachie.

Près de ces citernes, on a reconnu les restes d'une tour
qui jadis en défendait l'approche. Les citernes, selon
M. Beulé, avaient été laissées en dehors de la nouvelle
enceinte, parce que l'aqueduc très élevé auquel elles se
reliaient, aurait servi de pont aux assiégeants, si on les eût
comprises dans les fortifications. Au moins, voulait-on
assurer la provision d'eau si nécessaire à une ville assiégée.
Des citernes aux murailles, il n'y avait pas vingt mètres de
distance, et la tour en écartant l'ennemi, assurait les
communications.

Aujourd'hui

Citernes. — Le village actuel de la Malga s'est
formé au milieu des ruines des citernes. Une partie des
habitants de ce village loge avec les troupeaux sous les
anciennes voûtes. D'autres habitations, construites avec
les matériaux de ces citernes, sont disposées sans ordre
au-dessus et au bord des voûtes effondrées. A chaque pas,
on risque de se précipiter par de nombreuses ouvertures
encore béantes, dissimulées souvent sous l'herbe du sentier,
et recouvertes quelquefois d'une vieille roue de charette,
dans leurs greniers ou dans leurs étables improvisées.

Aqueduc. — En 1859, M. Colin, ingénieur civil, fut
chargé par le Bey, Mohammed-es-Sadok, de rétablir
l'aqueduc romain, en tant qu'on pourrait l'utiliser, pour
amener les eaux des sources principales du Zaghouan et du
Djouggar à Tunis : une somme de 7.800.000 francs fut
allouée pour ce travail. Dans tout le parcours du canal on
a suivi les travaux des Romains, sauf sur la branche du
Djouggar. L'œuvre accomplie par M. Colin en moins de

trois années se résume par la construction de 87.899 mètres d'aqueduc maçonné et 43.070 mètres de tuyaux posés sous terre, soit un développement total de 130.969 mètres, comprenant 40 ponts, 79 ponceaux, 162 passages en-dessus à niveaux, 7 constructions renfermant les appareils néces-saires pour régler les eaux des siphons, 6 canaux de décharge et 7 déversoirs avec échelle de jauge. Le débit des sources est en moyenne de 28.000 mètres cubes d'eau par jour.

La partie de l'aqueduc qui traversait l'isthme de Carthage est entièrement détruite. On distingue seulement quelques vestiges des piliers qui soutenaient les arcades, vestiges qui se prolongent à travers la plaine, jusqu'aux collines de l'Ariana.

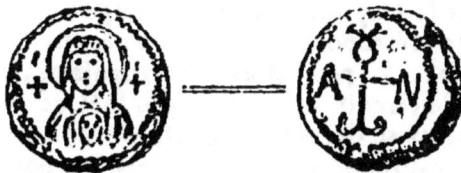

Plomb de bulle chrétien (1).

(1) Ces gravures, sauf deux, ont déjà paru dans les *Missions Catholiques* Nous les devons à la charité et à la bienveillance de Mgr Morel.

CHAPITRE III

I. — BYRSA (colline de Saint-Louis)

Autrefois. — Byrsa, dont le nom dans les langues sémitiques signifierait : Forteresse *(bordj)*, et dans la langue grecque : Peau de Bœuf, par allusion au subterfuge de Didon, fut d'abord la nécropole et l'acropole de la Carthage punique, puis le Capitole de la Carthage romaine, et est aujourd'hui la Métropole de l'Afrique chrétienne.

« De forme à peu près rectangulaire, d'environ 2,000 mètres de circuit, et située à 500 mètres du rivage, la colline de Byrsa se dresse, en effet, comme une acropole naturelle que l'homme n'a eu qu'à fortifier pour la rendre imprenable. (1) »

À l'époque romaine, elle renfermait, outre les sanctuaires secondaires dédiés à la Mémoire et à la Concorde, les temples de Jupiter, d'Esculape et de Junon. À l'ombre de ces temples s'élevait le palais du proconsul, avec son prétoire et ses prisons.

Du palais du proconsul on pouvait contempler la masse imposante des constructions, l'étendue des remparts, la Curie, le Forum entre Byrsa et les ports, les thermes, les théâtres, et admirer, comme les compagnons d'Énée, le mouvement qui régnait dans les rues et sur les places publiques de cette vaste cité (2).

Du *Pronaos* du temple d'Esculape, le spectacle n'était pas moins grandiose. La presqu'île de Carthage était reliée à l'Afrique, comme dit Polybe, (3) par un isthme de trois mille pas. Tunis, sous les murs de laquelle Amilcar avait triomphé des dernières résistances de Mathos et mis fin à

---

(1) Victor Guérin, *Voyage dans la Régence de Tunis*, t. I. p. 13.
(2) Virgile, *Énéide* I, 415 et suiv.
(3) Polybe, *Historiarum*, lib. I, n. 73.

la Guerre Inexpiable, pouvait, sans métaphore, s'appeler
Tunis la Verte. Au nord, l'opulente Utique, où après Phar-
sale, Caton se retira et se perça de son épée pour ne pas
devoir la vie à César, recevait dans son port, que les sables
amenés par les flots impétueux du *Bagrada* (Medjerda)
n'avaient pas encore comblé, les vaisseaux de la Méditerranée.

La presqu'île était traversée dans toute sa longueur par
l'aqueduc grandiose qui amenait à Carthage les eaux du
mons Zeugitanus Zaghouan'. La plaine, savamment
irriguée, était couverte de vastes jardins plantés d'arbres de
toutes les essences, et du sein desquels émergeaient les toits
de gracieuses villas. Dans ces jardins, régnait la végétation
la plus luxuriante : chaque année la grenade, la vigne, le
blé, les céréales donnaient une récolte abondante. (1)

Aujourd'hui. — De toutes ces splendeurs, de toutes ces
richesses, il ne subsiste plus que le souvenir et quelques
ruines éparses. Seul, l'aspect général n'a pas changé. Le
panorama que l'on contemple de la chapelle Saint-Louis,
est, en effet, un des plus beaux du monde.

Au nord-est, le cap de Sidi-bou-Saïd, avec le village
arabe de même nom ; à l'horizon, les îles Zimbra et Zimbretta, les anciennes Egimures, et, se perdant dans les flots,
le cap Bon, *Promontorium Pulchrum*, qui forme l'extrémité
orientale du golfe de Tunis.

De l'autre côté du golfe, en face de Carthage, on aperçoit
Kourbès, renommé par ses eaux chaudes connues dans
l'antiquité sous le nom d'*Aquae Carpitanae*; puis, suivant
la côte du regard, la ligne blanche des maisons de la petite
ville de Soliman.

Plus à droite, se dressent les montagnes cachant aux
regards le défilé de la Hache et la fameuse *Néféris*, qui
joua un rôle si important dans la dernière guerre punique.

Au sud, et dominant le fond du golfe, s'élève le Djebel-
bou-Kornin, la montagne aux deux cornes. (575 m. 76,
d'altitude à la pointe orientale). Sur sa pointe occidentale
était construit un sanctuaire, dédié à Saturne Balcaranensis.

---

(1) Fons abundat largus quidem, sed certis horis dispensatur
inter incolas l'amae illi praegrandi subditur olea, huic ficus, fico
punica, (la Grenade) illi situs. Sub vite seritur frumentum, mox
legumen, deinde olus : omnia eodem anno omniaque aliena
umbra aluntur. (Pline. *Hist. nat.* XVIII, 51.)

A sa base, est le village d'Hammam-el-Lif, *Aquae Gummi-lanae*, célèbre par ses eaux thermales.

Un peu en arrière, on aperçoit en partie le Djebel-Ressas dont les teintes argentées, réfléchies par les rayons du soleil couchant, décèlent aux regards de riches mines de plomb que les Romains ont exploitées.

A l'horizon, la montagne de Zaghouan, dont les sources augmentées de celles du Djouggar, conduisent, par un aqueduc de 132 kilomètres, leurs eaux à Tunis, à Carthage, au Kram et à La Goulette.

Enfin, la rade de La Goulette, à l'entrée du Bahira (lac de Tunis où vint s'abriter la flotte de Scipion; à l'extrémité de la lagune, le petit village de Rhadès, l'antique Maxula, célèbre par le souvenir des Martyrs Massylitains.

Du grand portail de la cathédrale, si l'on jette les yeux sur la plaine, on n'aperçoit plus, comme autrefois, ces champs fertiles et ces nombreux jardins qui faisaient l'orgueil et la richesse de la cité d'Annibal et de S. Cyprien. Le manque d'eau pour l'irrigation et de bras suffisants pour le travail n'a permis aux Arabes que la culture facile de l'olivier et de quelques céréales.

Mais, dans ses principales lignes, le panorama ne manque pas de grandeur. Vers l'ouest, au fond du lac qui porte son nom, Tunis appelée « la fleur de l'Occident » par les poètes arabes; les collines de Djaflar, de l'Ariana et de la Soukra, dont les pics verdoyants, mais privés de leurs riches forêts d'arbres, laissent apercevoir au fond de l'horizon les derniers contreforts du gigantesque Atlas qui, sorti des rivages de l'Océan Atlantique, vient, après avoir parcouru les Etats barbaresques, mourir au cap Bon.

Enfin, au nord, la colline de Gamart, le *Djebel Khaoui*, avec sa nécropole juive; entre le *Djebel Khaoui* et les pentes de Sidi-Bou-Saïd s'étend le village de la Marsa, avec ses palais, ses villas, ses jardins et sa plage.

———————

II. — CATHÉDRALE

I. — Construction. — Plusieurs fois, des voyageurs avaient exprimé le désir qu'un édifice « plus vaste et plus

Cathédrale de Carthage.

digne tout à la fois de saint Louis et de la France vint
remplacer la modeste chapelle de Saint-Louis (1). »

En 1875, le cardinal Lavigerie conçut le projet de construire une cathédrale. Il avait promis à Dieu de faire tout
ce qui serait en son pouvoir pour que Français et Chrétiens
n'eussent pas plus longtemps à s'attrister d'un tel spectacle.
Carthage, où saint Louis est mort en demandant à Dieu la
résurrection de la foi dans la patrie de saint Cyprien, récla-
mait une église digne de ces grands souvenirs.

La même année, une souscription nationale s'adressant
surtout aux descendants des anciens Croisés fut ouverte.
Le R. P. Charmetant et M. le comte Raymond de Buisseret se chargèrent avec un zèle et un dévouement, qui
furent couronnés de succès, de recueillir les souscriptions
des généreux donateurs.

Le Cardinal demanda le plan du monument à un habile
architecte, celui de Saint-Vincent-de-Paul de Marseille et
de Saint-Augustin à Hippone, M. l'abbé Pougnet. Il profita
également d'un voyage que fit en Afrique Mgr Robert,
évêque de Marseille, pour lui demander d'en bénir la première pierre. La cérémonie eut lieu au mois de Mai 1884.

Enfin, le 15 Mai 1890, avec le concours de onze évêques,
en présence de M. le Résident Général de France, des
autorités civiles et militaires, du corps diplomatique et des
fidèles accourus des différentes villes de la Tunisie, le
cardinal Lavigerie consacrait au culte cette Cathédrale,
symbole de la résurrection glorieuse de l'antique Eglise
de Carthage. Dès le lendemain, le Cardinal présidait l'ouverture solennelle d'un concile. Depuis ce jour, le Saint
Sacrifice n'a cessé d'y être célébré.

II. — Description. — La cathédrale est une œuvre
remarquable. Son architecture est imposante, à la fois
riche et sobre; le style est byzantin et mauresque. Elle a
la forme d'une croix latine, et mesure en longueur 60
mètres sur 30 en largeur au transept.

La façade est flanquée de deux tours carrées, reliées par
un pignon terminé par un couronnement ajouré. Il est
percé d'une rosace, derrière laquelle se trouve un bourdon
de 6000 kilog., donnant le la grave. La tour de droite

---

(1) Victor Guérin. *Voyage dans la Régence de Tunis*, t. I, p. 17.

renferme un carillon de quatre cloches, formant accord
avec le bourdon. Leur poids total est de 6,000 kilogs. Elles
ont été bénites par le Cardinal, qui a voulu être le parrain
du bourdon Cyprien-Charles.

Au-dessous de la rosace, on lit cette inscription gravée
sur marbre blanc :

AB IPSIS ECCLESIAE AFRICANAE PRIMORDIIS PRAESTITISSE CARTHAGINEM
NEMO DUBITAT (1)

et au-dessus du portail central :

CARTHAGINIENSIBUS EPISCOPIS AB ULTIMA ANTIQUITATE HAEC
DIGNITAS OBTIGIT UT PRIMATIALI POTESTATE AFRICAE
UNIVERSAE PRAEESSENT (2)

On arrive aux trois portes de chêne du portail par un
escalier de neuf marches et un perron de marbre blanc.

Le grand dôme, surmonté de la croix primatiale, (3) est
entouré de huit clochetons ; à la croisée du transept,
quatre tours rondes renferment les escaliers qui conduisent
aux terrasses. La première terrasse est au-dessus du chevet
et des sacristies ; la seconde au-dessus du *deambulatorium*.
Toutes deux, ainsi que le pourtour du toit de la nef, sont
terminées par une couronne ajourée, en pierre blanche de
Malte.

A l'intérieur, la cathédrale comprend trois nefs et un
deambulatorium. Les peintures polychromes qui la
décorent, tranchent sur la blancheur crue de la pierre, et
sont du plus bel effet artistique. Les colonnes sont sveltes
et élancées, avec les chapiteaux dorés ; elles supportent des
arcs mauresques. Les plafonds des nefs latérales, formés de
poutrelles saillantes ; le plafond de la nef centrale avec
ses caissons, sont peints de couleurs vives admirablement
assorties. Au-dessus des nefs latérales court une galerie qui
fait le tour complet du monument, se continuant derrière
le chœur, et au-dessus de l'entrée principale.

Conformément à l'intention du Cardinal, les noms des

---

(1) Personne ne doute que dès l'origine de l'Eglise d'Afrique,
Carthage n'ait eu la primauté.

(2) Les évêques de Carthage eurent depuis l'antiquité la plus
reculée l'honneur de présider à toute l'Afrique par leur pouvoir
primatial.

(3) 86 mètres au-dessus de la mer.

souscripteurs sont, avec leurs armes, gravés sur le marbre et placés sur les murs qu'ils ont contribué à construire. De gracieuses arabesques encadrent leurs écussons, disposés par groupes uniformes de trois à la retombée des arceaux, et par groupes de six sur les piliers qui supportent la coupole (1).

Au-dessus des galeries et tout autour de la nef et du chœur, le Cardinal a fait peindre les paroles du pape saint Léon IX aux évêques Jean et Etienne, qui soutenaient contre l'évêque de Gummi la primatie de Thomas II, évêque de Carthage (1054).

Elles consacrent la primatie de Carthage, sa résurrection, sa perpétuité. Le pape Léon XIII les a reproduites dans la Bulle *Materna caritas*, par laquelle il a restauré le siège primatial de Carthage (2) :

Sine dubio post Romanum Pontificem primus Archiepiscopus et totius Africae maximus Metropolitanus est Carthaginiensis Episcopus; nec pro aliquo Episcopo in tota Africa potest perdere privilegium semel susceptum a Sancta Romana et Apostolica Sede; sed obtinebit illud usque in finem saeculi et donec invocabitur in ea nomen Domini Nostri Jesu Christi, sive deserta jaceat Carthago, sive resurgat gloriosa aliquando. » S. Leonis IX Epist ad Episc. Afric.)

Le chœur, plus élevé que la nef de trois marches, est terminé par un mur droit percé de trois arcades, et fermé de chaque côté par une rangée de stalles. La table de communion est de style mauresque comme les balustrades des galeries. Sous le premier arceau, à gauche, est le trône archiépiscopal, placé sur des gradins recouverts de drap d'or ou d'étoffe rouge et surmonté d'un baldaquin. Le maître-autel n'est que provisoire. Il est dominé par le grand reliquaire de saint Louis.

---

(1) Ces ornements et les peintures qui décorent d'une manière si heureuse la cathédrale, ont été exécutés d'après les dessins et sous l'habile direction de M. Quinson, sous-officier au 1er zouaves.

(2) Il est hors de doute qu'après le Pontife Romain, le premier archevêque et le grand Métropolitain de toute l'Afrique est l'évêque de Carthage. Ce dernier ne peut être dépouillé en faveur de quelque évêque d'Afrique que ce soit, de ce privilège qu'il a reçu du Saint-Siège Apostolique et Romain, mais il le conservera jusqu'à la fin des siècles et tant que le nom de Notre Seigneur Jésus-Christ sera invoqué en Afrique, soit que Carthage reste abandonnée, soit qu'elle ressuscite un jour dans sa gloire.

III. — Le reliquaire de saint Louis

Les reliques. — Les chairs du saint Roi étaient con-
servées dans la Cathédrale de Montréal en Sicile où les fit
transporter le duc d'Anjou, frère de saint Louis, tandis que
les ossements avaient été rapportés en France. La Révo-
lution de 1793 a malheureusement dispersé une partie de
ces derniers. Cependant le cardinal Lavigerie, a pu, avec
l'appui de S. M. le Roi de Naples, obtenir une portion des
reliques de Montréal. Aussi fallait-il un reliquaire digne
de contenir un tel trésor (1).

Son histoire. — M. le comte R. de Buisseret qui a
présidé avec tant de zèle et de dévouement, le comité
chargé de recueillir les offrandes et les souscriptions
destinées à la construction de la Cathédrale, a eu la géné-
reuse pensée de faire préparer aux restes de saint Louis le
reliquaire magnifique qui doit les contenir. Ce reliquaire
a été payé en partie avec des souscriptions recueillies
parmi les fils et les héritiers mêmes de saint Louis. Toutefois, la somme ainsi réunie n'étant pas encore suffisante,
d'autres souscripteurs ont voulu joindre leurs noms à ceux
des premiers : tous ces noms sont gravés en lettres d'or sur
fond noir des deux côtés du socle du reliquaire.

Description. — Voici la pensée qui préside à cette
grande composition religieuse. L'artiste a représenté, pour
recevoir les reliques du saint Roi, la Sainte-Chapelle de
Paris, construite, par les ordres de saint Louis lui-même
pour les reliques sacrées de la Passion. Deux anges, l'un
symbolisant le Génie de la Religion, l'autre celui de la
France, tiennent, chacun, sur l'un de leurs bras élevés la
Sainte-Chapelle, portée ainsi comme en triomphe entre le
ciel et la terre. Ils sont agenouillés sur un socle portant sur

(1) Le corps de saint Louis ne pouvait être ramené en France,
sans danger de contagion pour le reste de l'armée. Il subit une
opération, en usage à cette époque, mais abolie plus tard par les
Souverains Pontifes. Il fut placé dans une chaudière remplie de
vin et soumis à la cuisson jusqu'à ce que les chairs se fussent
détachées des ossements. « Furent ses os gardés en un escrin et
enfouis à Saint-Denis en France, là où il avoit eslue sa sepulture,
auquel lieu il fut enterré, là où Dieu a fait maint biau miracle
pour li par ses desertes (mérites). » (Joinville, Histoire du roy
saint Looys.)

ses faces des bas-reliefs qui rappellent le départ de saint Louis pour la croisade à Aigues-Mortes, et sa dernière communion à Carthage. On ne peut rien voir de plus noble que la figure des deux anges : celui de la Religion, avec l'expression de la foi et de la douleur, celui de la France avec l'aspect de la douleur et d'une sainte fierté.

C'est une grande œuvre d'art religieux, et l'une des plus belles, sans contredit, qui soit sortie des mains d'un orfèvre de Lyon, et, peut-être, de toute la France. Ce reliquaire, ou plutôt ce monument religieux tout en bronze doré, ne mesure pas moins de 2ᵐ15 de hauteur sur une largeur proportionnée. Il est l'œuvre de M. Armand Caillat. Après avoir été exposé successivement à Lyon, puis à Paris à la Procure des Missions d'Afrique, il figura à l'Exposition universelle de 1889. (1)

IV. — Chapelle de saint Louis

La chapelle de saint Louis constitue le chevet de la Cathédrale.

Au centre, s'élève une coupole dorée. Sous les arceaux de droite et de gauche, brûlent deux lampes de bronze doré, don de Mgr Robert, évêque de Marseille, qui a consacré l'autel de saint Louis. Au-dessus de l'arceau intérieur et central sont placées les armoiries de M. le Comte R. de Buisseret.

Au fond et surélevé de deux marches, est l'autel que domine la statue de saint Louis. C'est à cet autel que le Cardinal Lavigerie a voulu que l'on conservât le Saint-Sacrement, en souvenir des sentiments admirables qui animaient Louis IX, envers la sainte Eucharistie et des paroles pleines de foi qu'il proféra la veille de sa mort, avant de faire à Carthage sa dernière Communion. Ces paroles sont reproduites en lettres d'or sur la muraille. A gauche :

VOUS CROYEZ
DEMANDAIT LE CONFESSEUR
DE SAINT LOUIS
EN LUI PRÉSENTANT LA
SAINTE HOSTIE EN VIATIQUE

(1) Lettre de S. E. le cardinal Lavigerie au Représentant de ses œuvres en France.

QUE CE SOIT LA LE VRAI CORPS
DE JÉSUS-CHRIST ?

A droite :

OH OUI !
RÉPONDIT LE MONARQUE MOURANT
ET NE LE CROIRAIS MÊME MIEUX
SI JE LE VOYAIS
TEL QUE LES APOTRES
LE CONTEMPLÈRENT
AU JOUR DE L'ASCENSION

En vertu d'un bref du 4 Juillet 1892, l'autel de saint Louis a reçu du Souverain Pontife Léon XIII, la faveur de l'autel privilégié aux conditions ordinaires.

V. — Autel de saint Charles

Des six autels que renferme la Cathédrale, deux seulement sont définitifs : l'autel de saint Charles Borromée et l'autel de la Sainte Vierge.

L'autel de saint Charles Borromée est en marbre découpé ; il sort des ateliers de M. Cantini de Marseille. Quatre médaillons en émail retracent autant de faits principaux de la vie de l'archevêque de Milan, patron et modèle du Cardinal Lavigerie. Une inscription en arabe, placée au-dessous de chacun des médaillons en explique le sujet. Ce sont, en commençant par la droite :

(1)

ألْغِث سَرِكَرْ مِتُوَمِنَاوِل الإِبَطَعُبُورِ الْقُرْبَا

(2)

أَلْقُدِسِ رِكَرْ وُنَارِ بُ رَبْ نِسِيَّةٌ

---

(1) Saint Charles distribuant la Sainte Communion aux pestiférès.

(2) Saint Charles visitant son diocèse.

(1)

أَلْقِدِّيسُ كَارُولُوسُ وَمَعَهُ كُبِيُوسُ الرَّابِعُ وَفَاتِهِ

(2)

أَلْقِدِّيسُ كَارُولُوسُ مُتَنَصِّتٍ وَالْمَجْمَع

Sur la porte du tabernacle, deux colombes se désaltérant
dans un calice, avec cette inscription, tirée de l'Evangile :

(3)

دَمِي فَوَ حَسَبَرِّبٌ حَقِيقٌ

Cet autel a été offert au Cardinal Lavigerie, lors de son
jubilé épiscopal par les Missionnaires d'Afrique. Une
inscription gravée sur le côté droit de l'autel en consacre
le souvenir.

VI. — Autel de la Sainte Vierge

L'autel de la Sainte Vierge, dans le transept de gauche,
est de même style et sort des mêmes ateliers que l'autel de
saint Charles. Quatre médaillons rappellent les principaux
faits de la vie de la Sainte Vierge. Ce sont, en commençant
par la gauche : La Présentation, l'Annonciation, Marie au
pied de la croix, l'Assomption. Sur la porte du tabernacle :
la mort de la Sainte Vierge; au-dessous, une prière en
arabe, antique, trouvée à Tazmalt en Kabylie et datant de
l'année 1300 :

---

(1) Saint Charles assistant Pie IV (son oncle) à ses derniers
moments.

(2) Saint Charles présidant un concile.

(3) Mon sang est véritablement un breuvage. (Saint Jean VI, 56

(1)

إِحْفَظِى عَبْدَتَكِ مَرْيَمُ

Au-dessus, l'invocation « SANCTA MARIA ADJVVA NOS » que
l'on trouve gravée sur des briques africaines du V° siècle.

Cet autel a été offert par les Sœurs Missionnaires
d'Afrique au cardinal Lavigerie, à l'occasion de son jubilé
épiscopal. Il a été consacré par Mgr Lagrange, évêque de
Chartres.

N. B. — Par un bref de S. S. le Pape Léon XIII, en date
du 14 Février 1892, l'Archiconfrérie du S. Rosaire a été
établie à cet autel.

VII. — Autel de saint Augustin

Le tableau placé au-dessus de l'autel de saint Augustin
(vis-à-vis de celui de la Sainte Vierge) représente un entre-
tien d'Augustin converti avec sa mère sainte Monique.
C'est un don de S. G. Mgr Barchialla, Archevêque de
Cagliari, qui, sur l'invitation du Cardinal, avait assisté à la
consécration de la Cathédrale et à la tenue du Concile de
Carthage.

VIII. — Le Tombeau du cardinal Lavigerie

Intérieur. — S. Em. le Cardinal Lavigerie a voulu
fixer à l'avance le lieu de sa sépulture. Sous le sanctuaire
de la Cathédrale, en face le trône primatial, il a fait construire le caveau funèbre où il désirait être enseveli. Le
caveau mesure sept mètres de longueur, trois de profondeur
et trois de largeur. On y descend par un escalier droit de
dix marches, que recouvre au niveau du sol de l'église,
dans la nef de droite, une dalle de marbre blanc. Au fond
du caveau, une table également de marbre blanc, de deux
mètres cinquante de longueur et de soixante-dix centimètres de hauteur, supporte le cercueil du Cardinal
Lavigerie, composé d'une triple caisse de bois blanc, de

---

(1) « Protège ta servante Marie. »

plomb et de chêne, tendue à l'extérieur de velours rouge ;
six poignées en fonte nickelée, un crucifix de chaque côté,
un plus grand crucifix sur le couvercle, et des clous à
large tête carrée tout autour, en constituent les seuls
ornements.

L'intérieur est capitonné de satin rouge. Le Cardinal est
revêtu d'une soutane rouge, de ses ornements épiscopaux ;
il a la croix pastorale et le pallium ; ses mains jointes sont
gantées de rouge avec l'anneau pastoral ; ses pieds sont
chaussés de sandales de velours rouge brodées d'or ; il
porte en tête sa mitre précieuse.

C'est là, que depuis le 8 décembre 1892, repose la
dépouille mortelle de S. Em. le Cardinal Lavigerie, comme
l'indique l'inscription, placée au-dessus du cercueil, et
qu'il avait composée lui-même, et fait graver. Elle a été
reproduite sur la dalle extérieure du caveau :

☩

HIC
IN SPEM INFINITAE MISERICORDIAE REQUIESCIT
KAROLUS MARTIALIS ALLEMAND-LAVIGERIE
OLIM
S. R. E. PRESBYTER CARDINALIS
ARCHIEPISCOPUS CARTHAGINIENSIS ET ALGERIENSIS
AFRICAE PRIMAS
NUNC CINIS
ORATE PRO EO
NATUS EST BAYONAE DIE TRIGESIMA PRIMA OCTOBRIS 1825
DEFUNCTUS EST DIE VIGESIMA SEXTA NOVEMBRIS 1892 (1)

Extérieur. — Dès le 21 février 1894, S. G. Mgr Combes
faisait part au clergé et aux fidèles de son diocèse de son
intention d'élever un mausolée à la mémoire du cardinal
Lavigerie. « Ce mausolée s'élèvera où l'illustre défunt a
choisi sa dernière demeure, sur les ruines de l'antique
Eglise d'Afrique que ses mains ont relevée, sous la garde

(1) « Ici repose en paix, dans l'espérance de la miséricorde
infinie, celui qui fut Charles Martial Allemand-Lavigerie, Cardinal
Prêtre de la Sainte Eglise Romaine, Archevêque de Carthage et
d'Alger, Primat d'Afrique, et qui maintenant est poussière. Priez
pour lui. Il est né à Bayonne le 31 octobre 1825 ; il est décédé le
26 novembre 1892. »

des plus illustres souvenirs, à ce point éminent qui domine
toute l'Afrique, au milieu des prières et des chants de ses
fils, les intrépides missionnaires du Continent noir, sur la
terre bénie de saint Cyprien et de saint Louis. » (1

Cet appel fut entendu; les offrandes, souvent bien
modestes à cause de la multiplicité des œuvres catholiques
que chacun doit soutenir, furent adressées, en même temps
que de chaleureux encouragements, à Mgr Combes. « La
France qu'il (le cardinal Lavigerie) a si bien servie, écrivait
S. E. le cardinal Langénieux (2), l'Algérie, l'Afrique dont il
a été l'apôtre, l'Europe et l'Asie qui ont si heureusement
subi son influence vous viendront en aide, Monseigneur,
et, grâce à votre appel, nous verrons bientôt s'élever le
monument de la reconnaissance, de l'admiration, des
regrets et des prières que nous devons à cet infatigable ser-
viteur de l'Église et de la Patrie. »

Ce mausolée a été confié à l'habile ciseau du sculpteur
Crauk, de Paris. « J'ai tout lieu d'espérer que l'exécution
du projet donnera pleine satisfaction à Votre Grandeur,
aux exécuteurs testamentaires, et à ceux des souscripteurs
qui auront le bonheur de pouvoir visiter plus tard la basilique de Carthage. Le Cardinal est représenté à moitié
couché et de façon à ce que sa mâle et noble figure soit
bien mise en évidence. Debout, de chaque côté de sa
statue, sont deux groupes : l'un se compose d'un nègre
adulte tenant des chaines brisées, et d'un plus jeune portant
une palme. L'autre est une négresse portant son petit
négrillon entre ses bras. Au bas du monument, dans des
attitudes différentes, seront deux Pères Blancs à genoux (3)..»

(1) Lettre circulaire de Mgr l'archevêque de Carthage, au sujet
de l'érection d'un mausolée à la mémoire de S. E. le cardinal
Lavigerie.

(2) Lettre de S. E. le cardinal Langénieux, archevêque de Carthage (29 mars 1891).

(3) Lettre de S. E. le cardinal Perraud à Mgr Combes.

III. — ANCIENNE CHAPELLE DE SAINT-LOUIS

Histoire. — Après la prise d'Alger, en 1830, le roi

Ancienne chapelle de Saint-Louis

Charles X avait obtenu de Hussein, Bey de Tunis, par l'intermédiaire de M. Mathieu de Lesseps, son représentant en Tunisie, la cession gratuite à la France, sur le plateau de Byrsa, d'un emplacement suffisant pour élever un monument en l'honneur de saint Louis. Une chapelle et une maison d'habitation furent construites par les soins du roi Louis-Philippe. Un aumônier français, M. l'abbé Bourgade y fut nommé ; il y résida jusqu'en 1856. Après son départ, le sanctuaire national tomba dans le plus grand abandon.

Description. — « Petite et d'une architecture médiocre, bâtie sur les ruines du temple d'Esculape, le dieu Eschmoun des Phéniciens commencée en 1841 et consacrée le 25 août 1845, par Mgr Suter, cette chapelle ne répond nullement ni à la grandeur du monarque auquel elle est dédiée, ni à celle de la nation qui l'a élevée (1) ».

C'est, en effet, une sorte de koubba arabe, à laquelle M. Germain, l'architecte, a donné des apparences de style gothique.

De chaque côté de l'escalier et de la porte, des montants en fer étaient destinés à supporter les tentures que l'on y suspendait, quand on célébrait la messe le jour de la fête de saint Louis.

Au-dessus de la porte, se lit, gravée dans le marbre l'inscription suivante :

LOUIS-PHILIPPE PREMIER ROI DES FRANÇAIS

A ÉRIGÉ CE MONUMENT

EN L'AN 1841

SUR LA PLACE OÙ EXPIRA LE ROI SAINT LOUIS, SON AIEUL

L'intérieur de la chapelle a la forme d'une croix grecque. Au fond, en face de la porte, se trouve l'autel : sur le devant de l'autel, les initiales de saint Louis et les armes de la Maison de France sont encadrées dans des découpures sur plâtre.

Une statue de marbre blanc, œuvre de M. Seurre, domine l'autel. « Dans cette massive figure de marbre, il est bien difficile de reconnaître les traits angéliques du bon roi

(1) V. Guérin : Voyage dans la Régence de Tunis, T. I, p. 17.

saint Louis. (1) C'est à cette statue que s'étaient attelés au moins deux cents musulmans de La Goulette, pour la traîner à travers les champs et les sentiers arabes, jusqu'au sommet de Byrsa, tout en disant dans leur langue et selon les idées familières du pays : « La France doit bien nourrir ses souverains, puisqu'ils deviennent si lourds (2). »

Dans le transept de droite, l'épitaphe de M. le Comte Mathieu de Lesseps est expliquée par l'inscription placée dans le transept de gauche.

Service religieux. — Avant l'arrivée de S. E. le Cardinal Lavigerie, depuis le départ de M. l'abbé Bourgade, le service religieux avait cessé d'être célébré dans cette chapelle. On n'y disait même plus la messe le jour de la fête de saint Louis. Ému de cet abandon, le Cardinal exposa à Pie IX le triste état dans lequel se trouvait ce sanctuaire : « Il est juste, répondit le Souverain Pontife, que des prêtres français desservent, comme ils le font à Rome même, le sanctuaire d'un roi de France. » Le service religieux fut dès lors confié aux Pères Blancs (1875) ; il n'y cessa que le 15 mai 1890, pour se célébrer d'une façon plus digne dans la nouvelle cathédrale.

Aux jours de fête, le drapeau français est arboré au sommet du mât qui se dresse à gauche de la chapelle.

IV. — LE GRAND-SÉMINAIRE

Le Grand-Séminaire comprend un corps de bâtiment et deux ailes. Situé entre l'ancienne chapelle de Saint-Louis et la cathédrale, il est en parfaite harmonie de style avec celle-ci. Du côté faisant face à la mer, une double galerie de colonnes torses en marbre de Carrare et d'arceaux mauresques donne à cet édifice un caractère oriental.

Construit en 1879, il fut d'abord affecté à un collège. En

(1) C'est une statue de Charles V, envoyée par erreur au lieu d'une statue de saint Louis.

(2) *Le tombeau de saint Louis, roi de France, à Carthage.* Conférence familière faite par S. E. le Cardinal Lavigerie dans l'église de Saint-Louis-d'Antin, à Paris (1887).

1881, le cardinal Lavigerie y installa le Grand-Séminaire de Carthage et le scolasticat des Pères Blancs.

Des trois salles donnant sur la galerie, l'une est la *Salle de la Croisade*, et les deux autres constituent le Musée Archéologique.

V. — LA SALLE DE LA CROISADE

S. E. le cardinal Lavigerie a voulu consacrer une salle des édifices de Saint-Louis au souvenir de la Croisade. Sur sa demande, elle a été ornée tout entière de fresques par un élève de M. Picot, M. l'abbé L'Alouette, qui avait déjà décoré plusieurs églises de France. Commencé en 1884, cet important travail a été achevé en grande partie en 1886.

La première fresque représente le débarquement de saint Louis. Le roi descend à terre, entouré du clergé et des chevaliers, et s'agenouille pour prier le Ciel de bénir son épée.

Dans la deuxième, saint Louis soigne les malades et les blessés, assisté dans cet office par le Légat du Pape, auquel le peintre a donné les traits du cardinal Lavigerie.

La troisième est le tableau du combat livré par l'armée tunisienne, son Bey en tête, à l'armée de saint Louis, dans la plaine qui s'étendait au-dessous de la colline et du « Chastel de Carthage. »

La quatrième montre saint Louis mourant, étendu sur un lit de paille et de cendre, entouré de son fils Philippe, de sa fille la reine de Navarre et des principaux seigneurs de sa cour. Dans cette scène, on remarque les portraits de plusieurs ecclésiastiques attachés à la personne du cardinal Lavigerie ou au diocèse de Carthage, au moment où ce tableau a été exécuté.

Enfin la fresque qui occupe tout le plafond, est l'apothéose de saint Louis. Le saint monte au ciel, soutenu et entouré par les anges.

Ces peintures, qui rappellent les principaux épisodes de la vie de saint Louis à Carthage ont été inaugurées par le cardinal Lavigerie, le dimanche 20 juin 1886 ; le même jour, il bénissait les clocles de la cathédrale et le tombeau qu'il s'était préparé (1).

~~~~

VI. — LE MUSÉE

I. — Histoire. — En 1875, lorsque le pape Pie IX confia le service religieux de la chapelle Saint-Louis aux Missionnaires d'Afrique, le Cardinal Lavigerie leur avait recommandé de recueillir avec soin tous les objets antiques que l'on viendrait à découvrir à Carthage.

Grâce à la charité et aux premiers travaux des missionnaires, les Arabes ne tardèrent pas à apporter à Saint-Louis quantité de pièces intéressantes qu'ils trouvaient par l'extraction des pierres. dans les travaux des champs ou pendant la garde des troupeaux.

C'étaient des inscriptions, des bas-reliefs. des fragments de statues et d'architecture. des poteries, des lampes, des monnaies, etc.

Plus tard. les missionnaires purent eux-mêmes pratiquer quelques excavations.

En 1881. le Cardinal Lavigerie, dans sa lettre à M. le Secrétaire perpétuel de l'Académie des Inscriptions et Belles-Lettres. donnait un exposé savant et complet des fouilles accomplies à cette époque, et montrait la nécessité d'une mission archéologique permanente à Carthage.

Le R. P. Delattre, directeur du Musée, continua les fouilles. Les articles publiés par lui dans les différentes revues archéologiques. mettent le monde savant au courant des dernières découvertes.

L'importance du Musée ne fait, depuis lors. que s'accroître rapidement. Les visiteurs, dont le nombre augmente chaque année, témoignent leur satisfaction de pouvoir étudier sur place d'aussi intéressantes collections, et leur intérêt par les dons qu'ils déposent dans le tronc, pour la continuation des fouilles. L'Exposition internationale et coloniale d'Amsterdam en 1883, celle d'Anvers en 1885. l'Exposition universelle de Paris en 1889. l'Exposition

(1) Bulletin des *Missions d'Afrique*, juillet 1886.

historique de Madrid en 1893, de Chicago en 1894, ont fait connaître une partie des collections de Saint-Louis. (1)

Ce Musée offre un intérêt tout particulier, car il ne renferme, à peu d'exceptions près, que des objets trouvés parmi les ruines de Carthage. On peut donc voir réunis les restes d'une civilisation embrassant une période d'environ vingt siècles, remontant à l'époque de la fondation de la cité punique.

Exposés dans le Musée, scellés dans les murs ou disposés sur les bords des allées du jardin, ces objets peuvent se ramener à quatre époques : Carthage punique, Carthage romaine, Carthage chrétienne, la Croisade.

II. — **Description**. — Sans entrer ici dans tous les détails de description et de classification réservés plutôt à un catalogue, nous signalerons les antiquités appartenant à chacune de ces époques, dont la nature et l'importance nous ont paru devoir intéresser plus particulièrement le lecteur et le visiteur.

I. — Carthage Punique

Les antiquités qui attirent à Carthage l'archéologue ou le voyageur sont celles des temps où ont vécu Didon, Hannon, Hamilcar, Hannibal. Les Anciens avaient l'habitude de construire une ville nouvelle sur les ruines et avec les ruines de la ville détruite. Il ne serait donc rien resté de la Carthage primitive, si les Romains n'avaient pas respecté, du moins en général, les tombes où reposaient les corps des Carthaginois, si longtemps leurs glorieux adversaires.

C'est, en effet, des nécropoles puniques que proviennent presque tous les objets de cette période de l'histoire de Carthage, conservés au Musée de Saint-Louis.

Les stèles votives font exception : ce sont de petits piliers de pierre, de forme rectangulaire. La partie inférieure, à peine dégrossie, était destinée à être fixée dans le sol ; la partie supérieure porte un *ex-voto* à

(1) Le Directeur du Musée a obtenu un diplôme d'honneur à Amsterdam et à Chicago, une médaille d'or à Anvers et à Madrid.

Tanit.

Tanit (1) ou à Baal-Hammon, gravé d'ordinaire dans un édicule. L'emblème de Tanit, un triangle surmonté du disque et du croissant, est parfois remplacé par des sujets empruntés à la faune ou à la flore africaines: oiseaux, singes, dauphins, palmier, fleurs de lotus.

En dehors des sépultures on trouve aussi des monnaies puniques, massiliotes, numidiques et grecques, des empreintes antiques de belles intailles, portant au revers la forme des fibres du papyrus sur lequel le sceau fut apposé.

Le mobilier funéraire se composait d'une manière presque invariable, d'une lampe placée sur sa patère, de quatre vases, dont deux petites fioles.

Le défunt portait sur lui des colliers, des bagues, des anneaux. On déposait à ses côtés différents objets lui ayant appartenu et que l'on savait avoir eu ses préférences pendant sa vie, ou lui devoir être de quelque utilité après sa mort, comme il est facile de le constater pour les squelettes exposés au Musée.

La poterie punique est grossière : peu ou point d'ornements. Le potier a tracé sur le ventre du vase une large bande noire ou rouge, accompagnée parfois de dessins fort simples.

_____

(1) Tanit, la déesse de Carthage, n'est autre qu'Astaroth, l'idole des Sidoniens, dont l'Ancien Testament fait souvent mention. C'est à elle, appelée par les Carthaginois la grande dame Tanit, reflet ou face de Baal, et au dieu Baal-Hammon, qu'ont été offertes les quatre mille pierres votives trouvées à Carthage, depuis environ 25 ans.

La céramique, d'origine égyptienne, chaldéenne ou assyrienne, est plus soignée. Ces diverses influences se reconnaissent dans les spécimens exposés au Musée : figurines de style chaldéen ou d'art assyrien, masques et amulettes de provenance égyptienne ou de fabrication indigène, à l'aide de moules apportés d'Egypte.

Plus tard, vers le VIe et le Ve siècle avant notre ère, les marchands débarquèrent à Carthage quantité de vases grecs. L'argile est d'un rouge pâle, le plus souvent recouverte d'un beau vernis noir ; seules, quelques lampes, font exception. Bon nombre de ces poteries portent des *grafilli* puniques.

Urne funéraire.

Composés d'un grand nombre de perles en agate, en cornaline ou en pâte affectant des formes variées et peintes de différentes couleurs, les colliers contenaient des amulettes : emblèmes de Tanit, œil d'Osiris, Anubis, Phtah, Bès, main ouverte, tête de bélier, d cheval, griffon, dauphins, lion, crocodile, crapaud, scarabée.

Plusieurs scarabées (1), insecte sacré en Egypte, sont des cachets de pierre fine, montés sur or. Le plat porte des caractères hiéroglyphiques ou des personnages : par exemple, un égyptien adore une divinité, au-dessus de laquelle plane un épervier. Sur un scarabée à double face, on lit le nom de Thoutmès III, qui gouverna l'Egypte de 1503 à 1449 avant Jésus-Christ.

Des bagues et des pendants d'oreilles, d'un travail

(1) Les Arabes, donnent encore aujourd'hui à leurs sceaux, le nom de *Khanfous* (scarabée).

remarquable, attestent qu'à cette époque l'orfèvrerie avait atteint une haute perfection.

Dans les tombeaux, on a parfois trouvé des œufs d'autruche entiers et sans aucune ornementation, ou sciés par le milieu et portant des traces de peinture rouge. (1)

Masque et collier puniques.

Poignards, hachettes, sonnettes, miroirs, boites à parfums, un magnifique vase de bronze doré, haut de 0^m32, y compris l'anse dont la courbe élégante s'élève au-dessus du bec, figurines, statuettes, masques en terre cuite, faisaient aussi partie du mobilier funéraire.

Les statuettes ont la forme de momies. Elles représentent Astarté, et sont autant de variantes de l'Astarté classique, tenant la colombe de la main droite ou de la main gauche ; dans un troisième exemplaire, malheureusement brisé, la déesse a les bras pendants et collés au corps.

Les masques sont fort curieux : c'est un vieillard au type sémitique très accentué, ou un personnage à traits exagérés, dont l'expression étrange varie selon qu'on le

_____

(1) Les musulmans suspendent des œufs d'autruche au-dessus de la tombe de leurs marabouts les plus célèbres, comme on peut le constater à la mosquée dite du *Barbier*, à Kairouan.

regarde de face, de profil ou de trois quarts, et portant au
front le symbole de Baal et de Tanit. Visage ovale, favoris
ras, cheveux crépus formant calotte, yeux très légèrement
obliqués de bas en haut et dont la prunelle et les cils
peints en noir font ressortir davantage la sclérotique peinte
en blanc, tel est un troisième masque, particulièrement
précieux à cause du *nezem* (anneau du nez) en métal blanc
et les pendants d'oreilles en bronze qu'il portait encore au
moment de la découverte.

II. — Carthage romaine

A l'époque de la domination romaine, et surtout sous le
règne des Antonins. Carthage pouvait rivaliser en richesse
et en splendeur avec les premières villes de l'Empire :
Rome, Antioche, Alexandrie. Aussi, les monuments de
cette époque, trouvés à Carthage, accusent-ils un développement plus parfait dans l'industrie et dans les arts.

La sculpture occupe la première place. Derrière l'amphithéâtre, on trouva, en 1890, une *Victoire* haute de 2m55,
malheureusement sans tête, et en 1893, un cheval en ronde
bosse d'un travail remarquable. La matière dans laquelle
il est sculpté est une sorte de *saouân* gris bleuâtre, à grain
d'une excessive finesse. La tête, les jambes et la queue, à
part quelques menus fragments, manquent encore. Le
tronc mesure 1m45 de longueur. Les chevaux en ronde
bosse de cette dimension ne sont pas communs, et la
rareté du sujet ajoute un nouveau prix à ce monument.

En 1894, près de la Cathédrale, des fouilles amenèrent
la découverte de plusieurs grands reliefs d'une dimension
peu ordinaire et d'un intérêt exceptionnel. Les deux
premiers représentent chacun une femme ailée, portant
une corne d'abondance chargée de fruits, au milieu
desquels émergent des épis de blé. Ces deux figures
étaient destinées à se correspondre dans un grand ensemble décoratif. Une troisième figure est encore plus importante. Le relief est large de 1m19, la hauteur atteignait
à peu près 3 mètres. C'est aussi une grande femme ailée,
sans doute une *Victoire* qui, de son bras gauche, en-
toure un trophée. Elle est représentée au repos ; le poids

du corps portait sur le pied gauche, la tête est tournée vers la droite. On dirait que l'artiste s'est inspiré pour la tête de la Vénus du Capitole, et pour le corps et la draperie, de la Flore du musée de Naples (1).

Les statues mutilées sont nombreuses: une tête d'Octavie, sœur d'Auguste; de l'empereur Auguste adolescent, voilé en pontife; d'Hercule, coiffé de pampre; d'une déesse dont le front porte une aigrette mobile formée d'épis; un buste de Cybèle; deux têtes de Jupiter Sérapis, l'une en marbre blanc, l'autre en onyx; une tête d'homme dont le visage porte des traits figurant la barbe; un Esculape; une Hygie.

Statue de la Victoire.

Une matrone faisant procéder a sa toilette par une esclave, puis lisant dans un *volumen* ou filant sa quenouille: tels sont les sujets de trois bas-reliefs en stuc, ayant servi à l'ornementation d'une tombe en forme de cippe, trouvée à la Marsa. Au caractère à la fois attique et romain, non moins remarquables par la finesse du travail que par l'élégante simplicité de la composition, ces bas-reliefs remontent au IIe siècle de notre ère.

Malgré la destruction presque complète des édifices de Carthage, on a pu retrouver un certain nombre de colonnes de tous styles, de toutes dimensions, avec ou sans leurs chapiteaux, des frises, des architraves, des fragments de panneaux décoratifs.

(1) Rapport de M. Héron de Villefosse sur les découvertes faites à Carthage par le R. P. Delattre, pendant les premiers mois de l'année 1891, lu dans la séance du 1 mai 1891. (*Académie des inscriptions et belles-lettres*, bulletin de mai-juin, p. 197 et suiv.)

Les plus belles mosaïques proviennent de la *Villa de Scorpianus;* en voici le sujet : une scène de pêche, les quatre saisons avec des médaillons où sont dessinés des oiseaux, des fleurs.

Les lampes romaines peuvent se ramener à trois époques : celles de la première, furent importées par les colons romains, qui, sous la conduite de Caius Gracchus, vinrent relever Carthage de ses ruines. De forme circulaire avec appendice pour le bec, elles sont remarquables par la simplicité et l'élégance de leur contour, la finesse de l'exécution, et surtout par la légèreté de l'argile. En nombre d'ailleurs assez restreint, elles portent rarement le nom du fabricant. Les sujets représentés sont : le cheval, le coq, l'aigle, le cerf, la gazelle, le sanglier, le tigre.

La lampe romaine de la deuxième époque se distingue par un appendice en forme d'anneau; l'argile n'est plus aussi fine; les sujets, empruntés à la mythologie, ne sont plus ni aussi simples, ni aussi sobres. Beaucoup portent au revers, gravés à la pointe ou empreints à l'aide d'un sceau, les *nomen, praenomen, cognomen* du potier. L'officine qui en fournit le plus à Carthage est celle de C-CLO-SVC. (*Caius Clodius Successus*). Plusieurs lampes ont deux et trois becs (*lucerna polymyxos*) avec une queue en forme de triangle ou de croissant (1).

Les poteries romaines sont fort nombreuses : on trouve depuis l'urne cinéraire jusqu'à la *lagena,* l'*orca,* la *seria,* le *dolium* et l'amphore proprement dite. Quelques-unes portent sur leur anse le nom du potier, ou autour du col, et tracés à l'encre rouge ou noire, des noms de consuls, d'Hirtius et de Pansa, par exemple, ou l'indication de leur contenu : *vinum mesopotamium.*

Plusieurs vases en verre irisé et des lacrymatoires, malgré leur fragilité, ont pu être retrouvés intacts. L'un d'eux, haut de o m. 27, d'une irisation remarquable, est un des plus beaux vases de verre que l'on connaisse.

La numismatique forme une collection assez complète : les premières monnaies sont de Jules César (44 av. J.-C.), les dernières de Jean 1er Zimiscès (969-976 ap. J.-C.). La glyptique offre de beaux échantillons de camées, de pierres fines, de pierres taillées et gravées.

---

(1) P. Delattre. *Lampes antiques du Musée de Carthage,* p. 7 et suiv.

Au point de vue épigraphique, il serait intéressant de reproduire les inscriptions païennes recueillies à Carthage. mais ce travail existant déjà (1), il suffira d'en rappeler ici quelques-unes.

Dans les inscriptions funéraires païennes, le nom du défunt est ordinairement précédé ou suivi de l'une ou de l'autre de ces formules : *D. M. S.* (*Diis Manibus sacrum*), *T. T. L. S.* (*Terra tibi levis sit*), *O. T. B. Q.* (*Ossa tua bene quiescant*), *H. S. E.* (*Hic situs est*). Le texte nous révèle quelques détails de la vie païenne : *Ostoria Pocula* élève un tombeau à *P. Aelius Felix*, affranchi des empereurs. ayant vécu 76 ans, 9 mois, 3 jours et 12 heures, son époux bien méritant, dont elle n'a eu à se plaindre en rien : *De quo nihil questa est. Furesis* élève un tombeau à son épouse, en reconnaissance de ce qu'elle l'avait suivi en Afrique : *ob meritis quod se secuta esset in provincia africa.* Un jeune médecin, *Secundus,* est mort à l'âge de 17 ans, 11 mois, 12 jours. *Castula,* jeune esclave morte à l'âge de 15 ans, était très attachée à ses maitres. *Thyas* était danseuse et *Flavius Maximus*, philosophe.

L'épigraphie religieuse comprend des *ex-voto* et des stèles votives à Mercure, à Saturne. et l'épigraphie civile : deux inscriptions de *Q. Aurelius Symmachus*. proconsul d'Afrique de 373 à 375 après Jésus-Christ, dernier défenseur du paganisme en Afrique. célèbre par les efforts qu'il fit pour le rétablissement du culte de la Victoire.

III. — Carthage chrétienne

Auprès de la société païenne, vivait à Carthage la société chrétienne. qui, elle aussi, nous a laissé des monuments non moins riches et non moins précieux en souvenirs.

La collection des lampes d'époque chrétienne du musée de Carthage est la plus considérable et la plus variée que l'on connaisse (1). « Ces petits monuments de terre cuite, dont le nombre dépasse un millier, constituent, dit

(1) P. Delattre, *Epigraphie païenne de Carthage.*

(1) Le catalogue complet de ces lampes a paru dans la *Revue de l'art chrétien.*

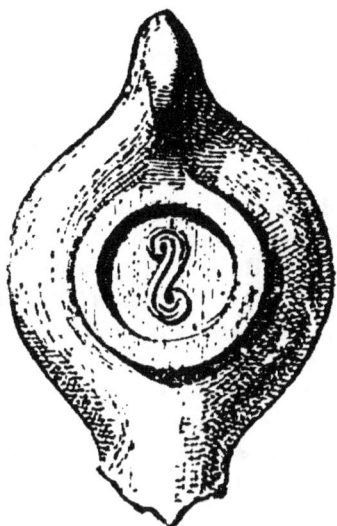

Lampe chrétienne (dessous).

M. Ed. Le Blant, un ensemble très curieux. Toutes celles des lampes qui portent nettement le caractère chrétien, présentent la forme adoptée par les fabricants, à dater des premières années du IVe siècle. Contrairement au type ancien, elles sont allongées et terminées par une queue amincie et non forée. La réunion de tous ces types de l'iconographie chrétienne est intéressante à étudier. »

En effet, les sujets représentés sur ces lampes sont empruntés à l'Ancien et au Nouveau Testament, ou aux principaux symboles en usage dans l'Église d'Occident aux premiers siècles, et dont le but était de ne pas révéler aux païens les mystères du christianisme.

Abel offrant l'agneau, le sacrifice d'Abraham, les deux Hébreux rapportant de la Terre Promise une grappe de raisin, Jonas rejeté par le monstre marin, les deux Hébreux devant la statue de Nabuchodonosor, les trois Enfants dans la fournaise, Daniel dans la fosse aux lions : tels sont quelques-uns des sujets pris dans l'Ancien Testament.

Les sujets tirés du Nouveau Testament se rapportent directement ou indirectement au Sauveur : Jésus-Christ portant la croix, foulant aux pieds le démon, ou marchant sur le chandelier mosaïque renversé ; l'agneau et la feuille de vigne, l'agneau portant un disque orné du monogramme du Christ, ou bien encore le Poisson (ίχθύς) (1) entouré de *pisciculi*.

La céramique a fourni des vases paraissant avoir servi à l'administration du baptême, une série de fonds de plats sur lesquels on voit les mêmes symboles que sur les

---

(1) On sait que chacune des lettres du mot grec ίχθύς indique une des qualités de Notre Seigneur Jésus-Christ : Ίησοῦς Χριστός Θεοῦ Υἱὸς Σωτήρ, *Jésus Christ, Fils de Dieu, Sauveur.*

lampes chrétiennes. Cette série forme, comme celle des lampes de cette époque, la collection la plus considérable connue (1).

La glyptique a donné un cachet portant un *poisson* et le mot symbolique 'ΙΧΘΥΣ.

Deux bas-reliefs, provenant de la Basilique de Damous-el-Karita, représentent l'un, l'Ange du Seigneur venant annoncer aux bergers la naissance du Messie ; l'autre, la Sainte Vierge et l'Enfant-Jésus, un ange et deux prophètes. Peut-être le sujet de ce dernier était-il l'Adoration des Mages. « Ces deux magnifiques pièces d'art n'étant pas des portions de sarcophages, mais des bas-reliefs décoratifs de la basilique, ont, d'après M. de Rossi, une valeur exceptionnelle, car ils forment, à son avis, le plus bel échantillon connu de ce genre de représentation dans la sculpture chrétienne. »

Les sarcophages n'étaient pas dépourvus d'ornements, car on y retrouve sculptés divers sujets symboliques : le bon Pasteur, la multiplication des pains, des *Orantes*.

Plomb de Bulle.

Enfin, l'épigraphie nous a transmis les noms d'une foule de chrétiens de l'Eglise de Carthage. Ces noms proviennent d'épitaphes sur pierre, sur marbre, en mosaïque, ou de plombs de bulles.

On y retrouve les divers degrés de la hiérarchie ecclésiastique : des évêques, le prêtre *Gaudiosus*, les diacres *Generosus* et *Maximus*, un sous-diacre, l'acolyte *Gloriosus*, les lecteurs *Mena* et *Deusdedit* ; puis, entourant leurs pasteurs d'une couronne de gloire, une multitude de fidèles dont les noms sont suivis de la formule *FIDELIS IN PACE*, particulière à Carthage (2).

(1) Le catalogue complet de ces fonds de plats a été publié dans la *Revue de l'art chrétien*.

(2) Sur cette formule, voir : P. Delattre, *Epigraphie chrétienne à Carthage*. (Extrait du compte-rendu du congrès scientifique international des catholiques, tenu à Paris, du 1er au 6 avril 1891).

IV. — La croisade

Si l'on en excepte quelques monnaies arabes, koufiques, vénitiennes ou espagnoles, les souvenirs de la croisade de saint Louis trouvés à Carthage méritent seuls ici une mention particulière.

Ce sont des pièces de monnaies, trouvées presque toutes sur la colline de Saint-Louis, ou aux environs, surtout du côté du Lazaret et de Douar-ech-chott.

Le 28 octobre 1892, un rat faisant son trou, a ramené à la surface du sol un denier tournois, en argent, de saint Louis. Le musée possède encore six deniers tournois en bronze, de saint Louis, de même poids et de même valeur, une monnaie du comte Alphonse de Poitou, frère de saint Louis. C'est une pièce de billon, mesurant à peine quinze millimètres de diamètre et ne pesant que cinq à six décigrammes. Elle a été frappée entre les années 1241 et 1250. D'un côté, elle porte une croix et une fleur de lys, avec le nom du comte; de l'autre, le nom de la province de Poitou, inscrit sur trois lignes (1).

Des boucles ou agrafes fleurdelysées, un débris de sceau, etc., sont autant de preuves nouvelles du séjour de saint Louis à Carthage.

VII — LA CHAPELLE SOUTERRAINE

Au mois d'avril 1895, fut découverte dans le flanc sud sud-est de la colline de Saint-Louis, une chapelle souterraine conservant les restes d'une fresque dans le style des catacombes. Un corridor, auquel on accède par un escalier, conduit à une salle rectangulaire de 5m50 sur 3m80, voûtée en arêtes et pavée d'une mosaïque très simple qu'entourait une bande noire. Les murs et la voûte conservent une partie de l'enduit dont ils étaient revêtus. Sous l'arcade du fond, on voit l'image d'un saint. Sa tête est nimbée et les traits

(1) P. Delattre, *Souvenirs de la croisade de saint Louis, passim.*

de son visage ont conservé une expression énergique. La main droite semble bénir. Il est vêtu d'un manteau brun et d'une tunique blanche ornée du *clavus* de couleur brune, et chaussé de *caligulae*. Ce personnage paraît être un évêque, peut-être saint Cyprien, la chapelle étant voisine du palais proconsulaire et des prisons.

A sa droite (à gauche du visiteur), il y a trace de trois autres personnages. Le plus rapproché du saint était à peu près de même grandeur. Les mains paraissent jointes. Le bras gauche qui se voit dans cette fresque, est ornée de bracelets. Les deux dernières figures sont beaucoup plus petites. L'une paraît représenter un ange, et l'autre, un fidèle qui porte de la main droite un objet double comme les lames de ciseaux.

Cette chapelle est avec la basilique de Damous-el-Karita un des sanctuaires les plus authentiques de l'ancienne Église de Carthage.

VIII. — LA MURAILLE EN AMPHORES ROMAINES

A l'angle sud de la colline de Saint-Louis, en creusant les fondations de deux villas, on mit à jour une curieuse construction, de forme toute particulière, datant du règne de l'empereur Auguste. Cette sorte de muraille ne renferme aucune pierre. Elle se compose tout entière de grandes amphores romaines, couchées horizontalement, par lits larges de 4m50 en moyenne, dimension représentant cinq amphores, bout à bout, emboîtées l'une dans l'autre. Toutes les amphores se touchent à chaque lit, séparé de celui qui le recouvre par une couche de terre remplie de débris, dont l'épaisseur varie entre 0m50 et 0m60. On a constaté jusqu'à huit lits d'amphores ainsi superposées, et il y en a peut-être davantage. Cet ouvrage, haut de plus de six mètres, a été reconnu sur une longueur d'environ cinquante mètres.

On devine le nombre considérable d'amphores renfermées dans cette construction. Elles se comptent par milliers (1). Malheureusement la plupart ont cédé sous le poids des terres, et on les trouve le plus souvent écrasées. Elles ont fourni cependant plus de cent cinquante estampilles de potiers, et quatre cents marques peintes sur le col ou sur le sommet de la panse de l'amphore, ne se composant pour la plupart que de quelques lettres, simples initiales de noms ou de formules. Outre ces *notæ* qui ne peuvent être expliquées, il en est de plus complètes et de plus intéressantes. On connaît l'usage des Romains d'inscrire le nom des Consuls sur les amphores pour indiquer l'âge du vin qu'elles contenaient. Horace en fournit plusieurs exemples. Qui n'a lu l'ode qu'il adresse à l'amphore contenant du vin de l'année même de sa naissance?

O nata mecum consule Manlio! (2)

Les dates inscrites sur les amphores découvertes en cet endroit correspondent toutes au temps où vivait Horace. Ce sont les années avant l'ère chrétienne 43, 33, 30, 22, 21, 19, 18, 17, 16 et 15.

IX. — FLANC SUD-OUEST DE LA COLLINE DE SAINT-LOUIS

Le flanc sud-ouest de la colline de Saint-Louis présente une série de monuments qui, par leur variété et leur importance, constituent une des parties les plus attrayantes et des plus instructives d'une visite à Carthage.

« L'ensemble de ces découvertes, dit M. de Vogüé (3), comble une lacune dans l'histoire de l'art. Jusqu'à elles, on n'avait aucun monument authentique de la Carthage punique. Les fouilles de Byrsa ont ouvert la série des monuments incontestablement carthaginois; ils confirment d'ailleurs ce que l'induction avait deviné, ce que l'étude

(1) P. Delattre, *Le mur à amphores de la colline Saint-Louis à Carthage.* (Extrait du bulletin archéologique 1894.) — Ce travail renferme la liste complète des marques et des estampilles.

(2) Horace, livre III, ode XXI : *ad amphoram.*

(3) M° de Vogüé. *Notes sur les nécropoles de Carthage,* 1889, pages 18 et 19.

des nécropoles de Sardaigne, de Chypre ou de Syrie avait permis d'avancer ; l'art phénicien est identique à lui-même sur les divers points où l'esprit de négoce et d'aventure a porté les colons de Tyr et de Sidon. Il manie de grosses masses de pierre ; il est plus industrieux qu'original ; il procède de l'Egypte et de l'Assyrie ; il n'échappe à l'influence de ces deux puissances que pour retomber sous celle des arts supérieurs de la Grèce. Enfin, les fouilles de Byrsa fixent un point important de la topographie de Carthage : l'emplacement de la nécropole primitive. »

Pendant longtemps, en effet, on s'était demandé où pouvaient être situés les cimetières d'une ville si importante. Or, l'état des fouilles permet d'affirmer que les Carthaginois ont enterré leurs morts, non seulement sur la colline de Byrsa, mais encore sur les collines qui entouraient la cité primitive. De plus, l'usage général, chez les Anciens, d'inhumer les morts au dehors de l'enceinte des villes, permet de conclure que, pendant assez longtemps, la Carthage punique ne dépassa pas ces hauteurs couronnées, sans doute, par quelque temple et consacrées en partie à la sépulture des morts.

Pour rendre plus claire et plus facile la description de ces fouilles, nous la diviserons en trois parties, correspondant aux trois étages que présente la tranchée ouverte dans le flanc sud-ouest de la colline de Saint-Louis.

I. — ÉTAGE SUPÉRIEUR

L'étage supérieur est limité et dominé par les ruines d'un gros mur en blocage de l'époque romaine, de 1 mètre 65 d'épaisseur, coupé à angle droit par un autre mur de même construction et de même époque, s'enfonçant sous la colline. Ce mur divise en deux parties l'étage supérieur, qui, à droite, renferme trois tombeaux puniques, et, à gauche, un seul grand tombeau punique.

I. — Côté droit

Premier tombeau. — Un sentier conduit à ce tombeau, que l'on voit de flanc, la façade ayant été obstruée par les fondations du mur romain. On n'y put pénétrer qu'en ôtant la dalle qui correspondait à une des niches intérieures. Il avait, d'ailleurs, été déjà visité et, par conséquent, vidé par les ouvriers romains, lors de la construction du mur contigu.

Tombeau punique et sarcophage.

Deuxième tombeau. — Le deuxième tombeau est

adossé au mur romain et au premier tombeau. Il a été découvert en 1880, à l'occasion de la construction des nouveaux bâtiments de Saint-Louis.

Il se composait alors d'une chambre rectangulaire, surmontée d'un toit à double pente. La chambre avait, comme dimensions intérieures, 2"68 de longueur, 1"68 de largeur, et 1"80 de hauteur. Des blocs de tuf, longs de 3"20 et 3"30, équarris sur trois côtés, et juxtaposés l'un à l'autre, composaient le plafond de la chambre funéraire, et portaient le toit formé de deux rangées de blocs, longs de 1"50.

A l'insu du P. Delattre, les Arabes commencèrent leur œuvre de vandalisme. On put arriver à temps pour empêcher la complète destruction de ce tombeau, resté tel qu'ils l'abandonnèrent.

Le squelette, que renfermait chacune de ces deux auges de pierre, se réduisit en pâte humide au contact de l'air. On trouva, cependant, dans la partie supérieure, un collier punico-égyptien, et, dans la chambre funéraire, des vases de terre cuite, des lampes et des patères (1).

Troisième tombeau. — En avant, existe un autre tombeau, en tout semblable au précédent, mais qui a sur lui l'avantage d'être intact.

Ce tombeau a la forme d'un parallélipipède, construit en gros blocs de tuf coquillier, surmonté d'une sorte de toit formé de grosses dalles, butées l'une contre l'autre. Les dimensions des blocs sont considérables : les cinq pierres du plafond ont 2"50 en moyenne, celles du toit 2 mètres, une des pierres du mur latéral a 1"65 de long. Les lits et joints sont dressés avec soin : un joint de 0"25 de largeur a été rempli à l'aide de petites pierres équarries. Il n'y a pas de fondations, et les pierres ne sont layées qu'à l'intérieur; d'où il résulte que la construction a toujours été noyée dans la terre.

On entrait dans la chambre par une ouverture ménagée à la hauteur seulement du premier étage, et fermée par une grosse dalle appliquée contre l'entrée. Le gros mur n'a pas permis de pénétrer extérieurement jusqu'à cette porte.

Les pierres du toit se contrebuttent mutuellement :

(1) P. Delattre. *Les Tombeaux puniques de Carthage.* (Extrait des Missions Catholiques).

d'un côté, quatre sont debout ; et de l'autre, il y en a deux debout aux deux extrémités. L'espace intermédiaire est rempli par deux pierres, dont une couchée ; le tout tient par un prodige d'équilibre qui n'aurait pu se prolonger longtemps, si la construction avait été exposée à l'air.

Les chiffres, donnés par les principales mesures, indiquent des préoccupations symboliques. L'unité de mesure employée est la coudée égyptienne, de o m. 525 : tous les nombres obtenus sont multiples de 3.

L'ouverture du tombeau amena la découverte de deux squelettes, à chacun des deux étages du tombeau. Ces squelettes, assez bien conservés, ont été transportés au Musée de Saint-Louis, et déposés dans une caisse vitrée, avec les hachettes, boucles, patères, lampes, vases, qui les accompagnaient (1).

IV. **Sarcophage.** — Près de ce tombeau, on voit un sarcophage monolithe de tuf coquillier, long de 2 m. 20, large de o m. 78, haut de o m. 57. Intérieurement, l'auge mesure 1 m. 83 de longueur, o m. 42 de largeur, et o m. 37 de profondeur.

Ce sarcophage a été découvert le 7 juin 1889. Plusieurs dalles le fermaient. Le squelette, mesurant 1 m. 55, était en place ; le cadavre avait été déposé sur le dos, la main droite sur la cuisse, la main gauche sur la hanche. Le crâne s'était complètement affaissé.

Quatre vases, que leur forme et la grossièreté de l'argile, sans aucun ornement extérieur, a fait classer parmi les poteries primitives, étaient placés extérieurement, à la tête du sarcophage (2).

II. — Côté gauche

Tombeau punique. — Une stèle funéraire, ayant la forme d'un tronc de pyramide à section carrée, et mesurant 1 m. 45 de hauteur, domine ce tombeau.

Il a été découvert au mois de juillet 1892. Contre la dalle

---

(1) P. Delattre. *Les Tombeaux puniques de Carthage,* (Extrait des Missions Catholiques) pages 49 et suivantes.

(2) P. Delattre. *Les Tombeaux puniques de Carthage.* (Extrait des Missions Catholiques) page 59.

qui en ferme l'entrée, on trouva une amphore de forme
cylindrique, à base conique et sans col. Elle contenait,
dans sa partie supérieure, les ossements d'un adulte et d'un
enfant, ne portant aucune trace de crémation ; puis, au
fond, des ossements calcinés d'un autre enfant, une
petite bague en argent, un biberon et un vase, noirci par
l'action du feu. Dépourvue de niches à l'intérieur, et à
demi remplie de terre, la chambre mesure 2 m. 25 de
longueur, 1 m. 75 de largeur, 1 m. 63 de hauteur. Elle
renferme deux sarcophages, dont un seul, couvert de ses
deux dalles ; encore, une de ces dalles avait-elle été déplacée.

Bien que déjà visitée par les Carthaginois, cette tombe
fournit cependant quelques objets intéressants : le goulot
trilobé d'une *œnochoé* grecque, une patère, deux hachettes
de bronze, un morceau de soufre d'un très beau jaune.

A cause du peu de solidité des pierres du plafond, la
dalle fermant l'entrée a dû être replacée.

II. — DEUXIÈME ÉTAGE

Le deuxième étage comprend trois tombeaux puniques
au pied du gros mur romain, le mur de Théodose II, une
voie romaine et des citernes romaines.

I. — Tombeaux puniques

Premier tombeau. — Ce tombeau est situé à l'extrémité gauche du gros mur. La chambre funéraire est de
facile accès, car toute sa façade a été détruite, sans doute
par les Romains. Lors de la découverte, ce tombeau était
rempli de terre. Aujourd'hui, il est complètement vide.
Au fond, deux niches carrées étaient destinées à contenir
des vases funéraires.

Deuxième tombeau. — L'un des mieux conservés de
la nécropole punique de Byrsa, ce tombeau, ouvert le
19 août 1889, est situé à droite du précédent, et enchâssé
dans les fondations du mur romain.

Une série de sept grandes dalles superposées en domi-
nait l'entrée. Les dernières, demeurées en place, se sont
écroulées le 13 avril 1894. Leur chute permet de voir les
grosses pierres butées l'une contre l'autre, qui forment
une sorte de fronton à cette curieuse sépulture.

À l'intérieur, la chambre mesure 2 m. 35 de longueur,
1 m. 95 de largeur, 1 m. 11 de hauteur. Elle ressemble à celle
des autres tombeaux, avec cette différence, qu'au fond, il
n'y a pas de niches.

Quatre grands vases d'argile, des patères, une lampe, un
magnifique vase de bronze, une sorte de panier, des morceaux d'ivoire, en composaient le mobilier funéraire.

Dans le sarcophage de gauche, sous des linéaments de
bois, restes d'un cercueil, un squelette d'homme reposait,
dans un tel état de conservation, que les ossements ont pu
être enlevés un à un et transportés au Musée (1).

La pièce la plus curieuse, recueillie sur l'homoplate
gauche, est un scarabée monté sur or, et représentant le
dieu Bès, tenant, de chaque main, un sanglier et une vipère
(uraeus).

Dans le sarcophage de gauche, il ne restait plus, du
squelette, que des stries noires, brunes et jaunâtres. Avec
une petite sonnette d'or, ornée, extérieurement, de
losanges en filigranes, d'un travail extrêmement délicat,
on trouva un second sceau en agate, monté sur or; il est en
tout, semblable au précédent, sauf le plat du scarabée
qui, au lieu du dieu Bès, porte une déesse ailée, coiffée du
globe, et adorée par un personnage vêtu et coiffé à l'égyptienne (2).

Troisième tombeau. — La baie d'entrée de ce tombeau,
situé à l'angle droit du gros mur, s'ouvre sur la droite de
la façade, et mesure 1 m. 34 de hauteur et 0 m. 75 de largeur.

Elle donne accès dans un compartiment dont le sol est
formé de quatre dalles d'égale grandeur, recouvrant deux
sarcophages.

---

(1) Il est probable que c'est le squelette d'un vieillard; l'indice
encéphalique est de 71,71; le personnage était gaucher, car tous
ses gros membres de gauche sont de quelques millimètres
plus longs que ceux de droite.

(2) P. Delattre. *Les Tombeaux puniques de Carthage.* (Extrait
des Missions Catholiques) pages 69 et suiv.

Lors de la découverte, le 4 juillet 1890, un squelette était étendu à gauche de la cellule, les pieds tournés vers l'entrée. Au fond, dans l'axe même du tombeau, était un vase de terre blanchâtre, à base pointue. Les deux niches, pratiquées à l'extrémité de la chambre, étaient occupées par deux grands vases.

Sur le bord de la niche, à gauche, se trouvait une grande patère remplie d'ossements d'oiseaux. A côté du squelette, en très mauvais état, on voyait plusieurs morceaux de bois, débris du cercueil, un miroir, des lampes, des vases, une hachette.

Dans le sarcophage de gauche, le squelette était en place; seuls, les os du torse, étaient assez bien conservés; il n'y avait aucune trace de bois de cercueil (1).

II. — Mur de Théodose II

En avant de ces tombeaux, s'élève une ligne de fortifications, suivie ou au moins reconnue sur une longueur d'environ 80 mètres.

Large de 4 mètres 25 et en quelques endroits de 4 mètres 50, ce mur de défense se compose de deux parements en pierres de grand appareil. L'intervalle est rempli par de la maçonnerie en blocage, ou simplement par de la terre tassée. Ce détail, ainsi que des corniches, des bases et des tambours de colonnes, des débris de statues, employés comme matériaux, indiquent une construction faite à la hâte.

Une portion de mur droit en *opus reticulatum* de l'époque romaine, semble prouver, qu'en cet endroit, devait exister une des portes principales de la citadelle. Les fouilles, continuées plus loin, ont fait reconnaître un égout qui doit marquer le milieu du passage. Ce passage correspondait au sentier direct qui, naguère encore, reliait le sommet de la colline au village de Douar-ech-Chott.

A 5 mètres 30 en avant de l'angle du mur, un massif carré de maçonnerie a été en partie déblayé. Le côté visible aujourd'hui mesure 4 mètres 80. Il renferme, lui aussi, dans sa construction des tronçons de colonnes de basse époque.

---

(1) P. Delattre. *Les Tombeaux puniques de Carthage.* (Extrait de la *Revue Archéologique*, t. XVII, 1891), page 2.

Vers la droite, la muraille a été déblayée sur une longueur de 45 mètres. La tranchée laisse voir encore sur une
longueur de 48 mètres une série de huit absides, toutes
construites en moëllons. L'une d'elles est revêtue intérieurement d'un parement en bel *opus reticulatum*. Il en existe
une autre semblable au-dessous de la villa moderne, qui
occupe l'angle sud du plateau. Ces absides sont d'époque
romaine. (1

III. — Voie romaine

Nous savons, par Appien, que trois voies, bordées de
maisons à six étages et pavées de belles dalles, qui auraient
fait l'admiration d'Énée et de ses compagnons :

« *Miratur portas strepitumque et strata viarum,* » (2
conduisaient de l'Agora et des ports à Byrsa. L'une d'elles, *Via
Caelestis*, aboutissant peut-être au temple de Junon Céleste,
fut détruite, au témoignage de Victor de Vite, avec les
théâtres et l'*Aedes Memoriae*, par les Vandales.

Une de ces voies, large de 5 mètres, montait en rampe de
la ville basse, et, tournant à gauche, venait longer le mur
de Théodose II. La chaussée était pavée de dalles quadran-
gulaires. Une partie subsiste encore, ainsi qu'une portion
du trottoir (*crepido*) avec ses pierres de bordure. (3

IV. — Citernes romaines

Derrière le mur en blocage qui forme le fond de la
maison byzantine, on a constaté à un niveau supérieur de
4 à 5 mètres, les ouvertures de plusieurs citernes romaines.
Sur le mur de l'une d'elles, on a trouvé une monnaie bien
conservée, frappée à Utique, sous le règne et à l'effigie de
l'empereur Tibère, pendant le duumvirat de Lucius Caeci-
lius Pius. (4

---

(1) P. Delattre. *Fouilles archéologiques dans le flanc sud-ouest
de la colline de Saint-Louis en 1892*. (Extrait du Bulletin archéologique. 1893).
(2) Virgile, Enéide, I, 422.
(3) P. Delattre *Ibid*.
(4) P. Delattre, *op. cit.*

III. — ÉTAGE INFÉRIEUR

I. — Maison byzantine. — La maison byzantine comprend trois corps de bâtiments. Au centre d'une cour rectangulaire de 14 m. 70 de côté, pavée de dalles, s'ouvre l'orifice d'une citerne. Une autre citerne, encore couronnée de sa margelle, occupe le milieu d'une seconde cour, un peu plus élevée que la première. Au fond, là où le sol est exhaussé d'un mètre environ, la maison se divise en plusieurs pièces; à gauche, dans un petit réduit, deux marches, hautes de o m. 80, conduisent à un petit palier.

Un corridor, long de 17 mètres, large de 3 m. 25, pavé de mosaïque, et terminé par une abside, dont la voûte, bien conservée, garde aussi des restes de mosaïque, donne accès dans deux grandes salles, appartenant au corps principal de la maison.

Les fouilles ont donné des tronçons de colonnes de marbre, une colonne de cipolin, des colonnettes de marbre blanc avec leurs chapiteaux, des pilastres cannelés, deux chapiteaux en onyx, deux disques de porphyre, une belle tête de Minerve; une boule de cuivre, portant un monogramme byzantin; deux clefs, l'une en fer, l'autre en bronze ciselé; enfin, une lampe juive et une trentaine de lampes chrétiennes (1).

II. — Cimetière musulman. — Dans l'une des salles, à demi-ruinée et en partie comblée de la maison byzantine, se trouvait un groupe d'une vingtaine de sépultures musulmanes, occupant un espace de 7 mètres de longueur sur 1 m. 35 de largeur.

Les sépultures ont une forme particulière, qui n'est plus en usage dans la Régence de Tunis : c'est une simple dalle horizontale, étroite, de même longueur que la fosse, terminée en arête vive. Les plus belles sont de marbre blanc ou en *kadel*. Elles ont été transportées dans le jardin de Saint-Louis. (2)

III. — Nécropole punique. — Cette nouvelle nécropole

---

(1) P. Delattre, *ibid.*

(2) P. Delattre, *ibid.*

punique est située à gauche du cimetière musulman, à l'endroit où le mur de Théodose II se croise avec le sentier qui descend à Douar-ech-Chott.

Parmi les nombreuses sépultures qu'on y a découvertes, signalons une chambre funéraire, deux tombeaux contigus et une fosse à inhumation commune.

Le plafond de la chambre funéraire est formé de grosses pierres, taillées comme des poutres, et placées l'une contre l'autre. La chambre était presque entièrement comblée de terre et de débris. En la déblayant, on trouva une quarantaine de squelettes, plus de deux cents *unguentaria*, des monnaies, etc.

Un peu en arrière, on découvrit une simple fosse, couverte de dalles, et un caveau à demi détruit. A côté, deux grandes auges, d'inégale grandeur, faites d'épaisses dalles de tuf, renfermaient quelques squelettes et des vases. Elles paraissent avoir été utilisées à des époques diverses.

Au-dessus, la fosse commune occupe un espace considérable. On y a rencontré plusieurs centaines de squelettes, disposés avec soin par rangées superposées, et, offrant dans le sol, l'aspect de stratifications. Il n'est pas rare de voir, dans la paroi verticale de la fouille, quatre ou cinq crânes les uns au-dessus des autres. Ils forment avec l'argile une masse si compacte, qu'il est impossible de les extraire sans les briser (1).

N. B. — Une seconde tranchée, ouverte dans le flanc sud-ouest de la colline, a mis à jour les ruines d'édifices romains. Leur état de délabrement ne permet pas d'en préciser la destination.

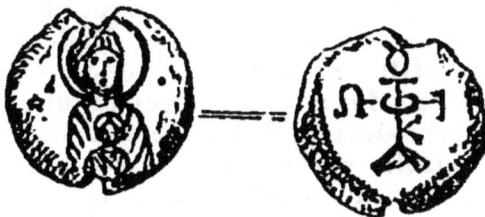

Plomb de bulle.

(1) P. Delattre, *ibid.*

CHAPITRE IV

I. — LE CARMEL

I. — Monastère. Le monastère des Religieuses Carmélites a été fondé en 1884, sur le désir que S. E. le Cardinal Lavigerie en avait exprimé à la Révérende Mère Prieure du Carmel d'Alger.

« Un vieux caïd est mort récemment, écrivait l'Eminent Prélat, laissant une vaste maison, entourée d'un jardin planté d'arbres, chose rare en ce pays. Je l'ai visitée, j'ai été frappé de voir comment à cause des habitudes musulmanes où les femmes vivent cloîtrées, cette maison convenait à un Carmel (1). » Quelque temps après, le monastère y était installé.

C'est en ce même endroit que l'on place les *Thermes de Gargilius*, dans une salle desquels, se tint, le 7 juin 411, la grande assemblée qui, sous la présidence de saint Augustin, jugea définitivement la querelle des Donatistes.

II. — Chapelle de N.-D. de la Melléha. La chapelle, sur laquelle s'ouvre le chœur des Carmélites, est placée sous le vocable de N.-D. de la Melléha, en grande vénération à Malte. La Madone placée derrière l'autel, et voilée, en dehors du temps des offices, par un rideau de soie verte, est la reproduction de l'image miraculeuse de Malte, auprès de laquelle elle est restée exposée tout un jour. Aussi, cette chapelle est-elle devenue le centre d'un pèlerinage, surtout pour la population maltaise de la Tunisie.

---

(1) Lettre de S. E. le Cardinal Lavigerie à la Révérende Mère Prieure et aux religieuses du Carmel d'Alger, relativement à la fondation d'un Carmel à Carthage (1884).

N. B. — Entre le Carmel et la route, à l'extrémité du cimetière arabe, s'élève une *koubba* sur le tombeau d'Abd-el-Aziz, mort il y a environ deux cents ans, dans un âge fort avancé, enterré dans sa propre demeure. A la tête du sarcophage, recouvert d'une étoffe de soie jadis verte et rouge, flottent deux étendards aux couleurs de Mahomet. Les Arabes du voisinage invoquent Abd-el-Aziz dans leurs maladies, et viennent déposer sur sa tombe de l'huile, des cierges et de l'encens. En 1893, la *Djemaïa* a fait construire cette *koubba* sur les ruines de l'ancienne.

II. — INSTITUTION LAVIGERIE

« En face et au nord-est de la colline de Saint-Louis, s'élève une autre colline moins haute et moins étendue que cette dernière. Sur les flancs, on remarque quelques ruines, restes informes de monuments complètements détruits, plusieurs citernes et des vestiges de mosaïque. » (1)

C'est sur ce plateau que, jusqu'à ces dernières années, les savants avaient placé le temple, l'un des plus beaux de Carthage, dédié à Tanit ou Astarté, la Junon Céleste des Latins. Il est plus probable que le temple de Junon s'élevait, non en cet endroit, mais sur la colline de Byrsa, à côté des temples de Jupiter et d'Esculape.

Plusieurs puits de sondage, pratiqués à une profondeur variant de 6 à 9 mètres, ont permis de constater l'existence de tombeaux puniques construits, comme ceux de Byrsa, en grandes pierres de tuf. Dans l'un d'eux, on trouva un tronc de cèdre en parfait état de conservation, malgré ses trois mille ans (2).

A l'angle Est, au pied de la colline, subsiste encore

---

(1) Victor Guérin. *Voyage dans la Régence de Tunis*, t. I. p. 59.

(2) P. Delattre. *Les tombeaux puniques de Carthage*, p. 8 et suiv.

l'entrée d'un souterrain, que l'on a suivi sur une longueur de plus de 900 mètres. Prenant naissance dans le canal d'arrivée des eaux de Zaghouan aux citernes de la Malga, il se dirige en ligne droite vers la mer. Au pied de la colline, il sort du sol et on en perd la trace. Il a été impossible de savoir s'il conduisait les eaux aux citernes d'Hadrien, ou s'il alimentait directement les Thermes du bord de la mer, ou encore, s'il se dirigeait vers la partie basse de la ville et atteignait les ports (1).

Aujourd'hui, sur le sommet de la colline, s'élève l'Institution Lavigerie, du nom de son Eminent Fondateur. Cet établissement d'enseignement secondaire est dirigé par les Missionnaires d'Afrique (Pères Blancs).

III. — AGORA ET FORUM

I. — **Agora Carthaginoise**. — L'Agora de Carthage était, au témoignage d'Appien (2), voisine du Cothon (port militaire).

Sur cette grande place, centre des affaires commerciales et politiques, était placée la tribune aux harangues. C'est là, que Bomilcar se fit déférer le pouvoir souverain, et qu'il subit le supplice de la croix. Plus tard, les magistrats de Carthage y venaient chaque année, à l'expiration de leurs pouvoirs, rendre compte de leur administration, recevoir les louanges et les remerciments du peuple, ou subir ses reproches, ses injures, quelquefois ses violences.

Sur un des côtés de l'Agora, s'élevait la Curie, lieu ordinaire de la Σύγκλητος et de la Γερουσία. Bien des fois, la foule pressée sur l'Agora, attendit avec anxiété les décisions du Sénat.

---

(1) P. Delattre *Inscriptions latines de Carthage* (Epigraphie païenne) 1884-1886, p. 8.

(2) Appien, *De rebus punicis*, VIII, 91.

On y voyait le temple de l'Apollon Carthaginois, dont la statue, revêtue de lames d'or, devint la proie des soldats de Scipion, qui ne respectaient pas plus, dit Tertullien, l'or sacré que l'or profane. Les maisons qui entouraient l'Agora étaient hautes de plusieurs étages (1).

II. — Forum Romain. — Sous Antonin le Pieux, un incendie détruisit le Forum : « *Carthaginiense Forum arsit* ». Saint Augustin, dans ses *Confessions* (2), parle du quartier des changeurs et des banquiers, le *Vicus Argentarius*, qu'un auteur du règne de Constantin désigne comme le principal édifice de Carthage « *praecipuum opus publicum* ». Le même passage du grand évêque d'Hippone place le Tribunal sur le Forum. Aux Vᵉ et VIᵉ siècles, le Forum était appelé *Platea maritima*, Place maritime, sans doute à cause de la proximité de la mer. En 540, l'empereur Justinien y fit construire deux portiques avec des Thermes magnifiques, appelés du nom de son épouse, *Thermes de Théodora*.

Le Forum est sans cesse nommé dans les Pères de l'Eglise Africaine. L'acte du martyre de Saturnin, de Dativus et autres, indique que les Chrétiens étaient soumis aux tortures dans le Forum de Carthage : « *Forensis rabies a martyre superata est.* »

C'est aussi du Forum que partaient les grandes voies, par lesquelles Carthage communiquait avec les villes du littoral, de l'intérieur, et même jusqu'au désert.

III. — État actuel. — Sous le nom de *Forum*, on entend la partie de Carthage, comprise aujourd'hui entre Saint-Louis et la mer, depuis Dermèche jusqu'au Cothon et à Douar-ech-Chott. Le palais d'un ex-premier ministre de la Régence, Mustapha ben Ismaïl, est la seule construction considérable qui s'élève dans ce quartier. Il est bâti près de la mer, sur les ruines d'un monument antique.

Les Arabes donnent au quartier du Forum le nom de *Kheraïb*, les Ruines. M. de Sainte-Marie a exhumé d'un terrain, appelé *Feddan-el-Behim*, 2000 stèles votives en l'honneur de la déesse Tanit et du dieu Baal Hammon.

---

(1) P. Delattre. *Inscriptions de Carthage.* (1875-1882) pp. 6-7.
(2) S. Augustin, *Confessions*, VI, 9.

MM. Babelon et Reinach ont pratiqué deux grandes tranchées, entre *Bir-ez-zerig* et *Bir-Messaouda*. Le P. Delattre a recueilli plus d'un millier de stèles, des débris de chancels ajourés et des grilles de lion en pierre rougeâtre, ayant servi de support à des tables ou à des sièges. La plupart des anses d'amphores à estampille punique ou à marque grecque, proviennent du quartier du Forum, ainsi que des figurines de terre cuite, les deux cents empreintes de belles intailles de style égyptien et grec.

Il trouva, à l'ouest du jardin de Si Mustapha : FORV, débris d'une inscription, qui semble avoir commencé par le mot FORVM ; au pied de Byrsa, vers les Anciens Ports, une autre inscription renfermant le nom d'Apollon ; deux *ex-voto* à Mercure, et deux représentations du dieu du Commerce ; une statue et un bas-relief, un morceau de tarif, et, enfin, des fragments de listes de noms d'hommes et de villes, un grand nombre de lampes, surtout de lampes chrétiennes (1).

IV. — LES PORTS ET LES QUAIS

Description. — Carthage avait deux ports, attenant l'un à l'autre : le port marchand et le port militaire.

Le port marchand, de forme rectangulaire, était long de 600 mètres et large de 325, soit une superficie de 19 hectares 50 ares. Il était entouré d'un quai, large de 4 mètres 33, établi sur deux murs parallèles. Le goulet extérieur qui mettait ce port en communication avec la mer, tel qu'il a été retrouvé par M. Beulé, n'avait que 5 mètres 65 de large. Ces dimensions restreintes prouvent que ce n'est point là la passe primitive, large, d'après Appien, de 70 pieds, mais bien une ouverture postérieure, datant de l'époque romaine, ou même de l'époque byzantine.

Un goulet, long de 20 mètres et large de 23, reliait le port marchand au port militaire.

(1) P. Delattre, *Inscriptions de Carthage* (1875-1882) p. 8.

Anciens ports de Carthage. — Rade de la Goulette.

Le Cothon, ou port militaire, fut creusé de main d'hommes, comme l'indiquent son nom et le vers connu de Virgile :

Hic portus alii effodiunt... (1)

De forme circulaire, il avait 325 mètres de diamètre, ce qui lui donnait une surface de 8 hectares 29 ares 75 centiares. Le palais de l'amiral carthaginois était construit sur un ilot occupant le centre du Cothon, et qui, comme les bords opposés du bassin, était entouré de grands quais. Ces quais, au rapport d'Appien, présentaient une série de 220 cales, pouvant abriter un nombre égal de vaisseaux. Le grand bassin comprenait 168 cales, chacune de 23 mètres 40 de profondeur et de 5 mètres 55 de largeur ; l'ilot de l'amiral en avait 52 de 16 mètres de profondeur et 3 mètres 93 de largeur. Au-dessus de ces cales, se trouvaient des magasins pour les agrès et le chargement. Tout autour, s'élevaient de magnifiques colonnes d'ordre ionique, qui donnaient au port et à l'ile l'aspect d'un portique.

Cette disposition ingénieuse permettait à l'amiral d'avoir sous les yeux la flotte dont il avait le commandement.

La superficie totale des deux ports, d'après les fouilles pratiquées en cet endroit par M. Beulé, et les mesures relevées en 1868 par M. Caillat, ingénieur de S. A. le Bey, se trouvait être ainsi de 27 hectares 83 ares 77 centiares, c'est-à-dire, à peu près la même que celle du Vieux-Port de Marseille, autre colonie phénicienne.

Les quais. — Comme il est facile de le comprendre, ces ports correspondaient à cette partie de nos ports actuels, que nous appelons bassins. On n'y amarrait guère, dans le port marchand du moins, que les navires dont le séjour à Carthage devait être de quelque durée, ou qui cherchaient un abri pendant l'hivernage, c'est-à-dire, du mois d'octobre à la fin du mois d'avril.

Il existait, le long du rivage, des quais d'embarquement pour les navires ne faisant à Carthage qu'une courte escale. Ces quais ont été rongés en grande partie par les vagues ; cependant, en plusieurs endroits, on en voit encore des vestiges assez bien conservés.

Histoire. — Lors du siége de Carthage, Scipion l'Afri-

_____

(1) Virgile, *Enéide* I. 427.

cain jeta, à l'entrée du port, une large digue. Menacés de
la famine, les Carthaginois creusèrent dans le roc une
sortie vers la mer, et peu s'en fallut que leur flotte im-
provisée ne surprit la flotte romaine (146 avant Jésus-
Christ). A l'époque byzantine, le Cothon reçut le nom de
Mandracium. Les ports de Carthage furent totalement
comblés par les Arabes, en 697, sur l'ordre d'Hassan.

État actuel. — Deux bassins creusés au même point,
il y a quelques années, en rappellent seuls aujourd'hui
l'emplacement, la forme et la disposition, bien qu'en des
proportions inférieures à celles qu'ils avaient dans l'antiquité. On y a même fait figurer l'ilot de l'amiral. Le reste
de l'emplacement est planté de vignes et de figuiers, et
occupé par les bâtiments et leurs annexes de l'ancien
harem du Bey de Tunis, transformé en Lazaret, lors de
l'épidémie cholérique de 1884.

La *koubba*, que l'on remarque entre les deux bassins, est
construite sur le tombeau de Lalla Salha. Les Arabes y font
leur *ziara* (pélerinage) et y déposent leurs offrandes.

————————

V. — DOUAR-ECH-CHOTT

———

Le village de ce nom s'étend au pied de la colline de
Saint-Louis entre les Anciens Ports et le *Bahira*. Il représente, de ce côté, la limite de la ville antique, et occupe à
peu près le point où Carthage touchait autrefois au lac de
Tunis. Douar-ech-chott signifie *Village du rivage*. (Voir
la gravure ci-contre).

A trois cents mètres de la station du chemin de fer, dans
un terrain appelé *Bir-Sema*, on a découvert huit tombeaux
païens consistant en de simples auges, un *unguentarium* de
verre irisé, des lampes païennes, et, sur divers points, des
lampes chrétiennes, des stèles votives, des fragments d'épitaphes, et les souvenirs de la Croisade de saint Louis (1).

———

(1) Voir page 51.

VI — COLLINE DE L'ODÉON

L'Odéon. — A deux cents mètres environ de l'Institution Lavigerie, dans la direction nord-est, on voit un terrain s'élevant en demi-cercle, et laissant percer des restes de voûtes inclinées.

L'examen des talus de cette colline et des ruines qui émergent a révélé l'emplacement d'une espèce de théâtre. C'est là que l'on a cru pouvoir fixer l'Odéon, construit au temps de Tertullien, sous le proconsulat de Vigellius Saturninus, qui gouverna la Province romaine d'Afrique de 180 à 183.

A gauche de l'Odéon, subsistent les ruines d'un sanctuaire de forme circulaire, composé d'un double mur en blocage, où l'on voit encore les baies des fenêtres et des portes.

La nécropole punique. — Tertullien, dans son Traité de la *Résurrection de la chair* (ch. 42), rapporte que les habitants de Carthage se portèrent en foule sur le lieu des travaux pour contempler des tombes et des squelettes, que les excavations avaient fait découvrir.

Ce texte, et les quelques objets trouvés en cet endroit, à défaut de fouilles plus complètes, permettent de supposer que les tombeaux qui excitaient la curiosité du peuple de Carthage, et auxquels Tertullien donnait cinq cents ans environ d'existence, remontaient à l'époque punique.

Ils pourraient donc être reportés sinon à la même époque que les tombeaux de Byrsa, du moins à celle des caveaux creusés dans le tuf de la colline de Bordj-el-Djedid (1).

---

(1) P. Delattre. *Les tombeaux puniques de Carthage.* (Extrait des Missions catholiques), p 81.

VII. — SERAPEUM
ET NÉCROPOLE PUNIQUE

I. **Serapeum.** — Carthage avait aussi un *Serapeum* dont l'emplacement a été révélé par la découverte d'une tête colossale de Sérapis, et de plusieurs *ex-voto* grecs et romains, en l'honneur de cette divinité. C'est dans ce même quartier que devait se trouver le *Vicus Isidis* dont parle Tertullien (1).

II. **Nécropole punique.** — Tout semble établir que les nécropoles puniques de la première Carthage étaient situées sur les collines qui s'étendent depuis Saint-Louis jusqu'à Bordj-el-Djedid. Déjà, en 1893, l'existence de tombeaux puniques avait été constatée jusqu'auprès de l'emplacement du *Serapeum*, dans l'angle *Est* formé par le chemin direct de la Malga à la mer, et le sentier qui le croise pour conduire aux Citernes et à Sidi-Bou-Saïd.

Les travaux continués en 1894 et en 1895, ont amené, à une profondeur variant de trois à seize mètres, la découverte de plus de mille cinq cents tombeaux puniques. Ils peuvent se ramener, pour leur construction, aux divers types de sépultures, déjà connus à Saint-Louis et à Bordj-el-Djedid.

En effet, à côté de chambres funéraires, situées au fond d'un puits et creusées dans le roc, ou de chambres semblables à celles des grands tombeaux de la colline de Saint-Louis, on a rencontré de simples fosses et des auges formées de pierres bien dressées. Deux tombes communiquaient entre elles par une petite ouverture carrée, pratiquée dans leur paroi latérale.

C'est par milliers que se comptent les grains de colliers et de pectoraux.

L'or est représenté par une inscription donnant le nom de Pygmalion, par des pendants d'oreilles d'une grande beauté; l'argent par des cylindres creux et de petites feuilles

---

(1) Tertullien. *De l'idolâtrie,* ch. 20.

. de la grandeur et de la forme d'un ongle humain, ornées de la palmette punique. Les objets de bronze sont des grains sphériques et oblongs, des disques, des têtes, des figurines, des agrafes, des chainettes, des anneaux, des croissants, des clous, des hameçons, des hachettes, des anses, des sonnettes, etc.

La racine d'émeraude, la cornaline, l'agate, le corail, l'ivoire, l'os, le verre, une sorte de faïence et d'argile blanche sont les autres matières dont ont été façonnés les objets funéraires, figurines, animaux, emblèmes.

Les représentations isolées ou figurées sur les cônes et sur les scarabées, sont des têtes de chiens ou de monstres, Isis, Horus, Osiris, Phtah, Bès, et quantité d'hiéroglyphes. L'un de ces derniers nomme le Pharaon qui fit construire la troisième des grandes pyramides de Giseh : la plupart font l'éloge de Rà, le Soleil.

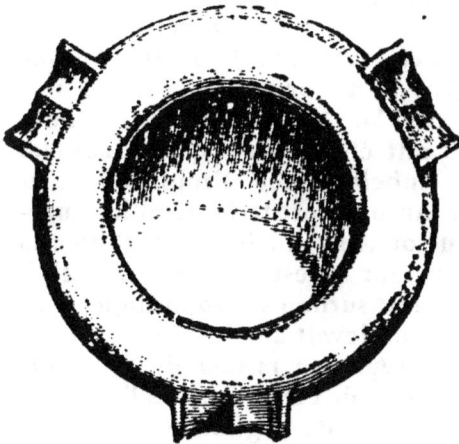

Vase grec.

Les pièces les plus curieuses, retirées de ces tombes, sont des masques de terre cuite (1).

La série des vases renferme des spécimens qu'on n'avait pas encore rencontrés dans les autres nécropoles puniques. Il en est d'une grande finesse et d'une ornementation tout à fait semblable à celle des poteries de Chypre.

Au-dessus de ces sépultures, il y a des constructions romaines et des tombes d'époque postérieure. On a vidé un puits, de forme rectangulaire. de 26 mètres de profondeur. dont les parois sont en pierre de taille.

L'accès de la nécropole est facilité par de larges tranchées et des galeries souterraines. Celles-ci lui donnent l'aspect de véritables catacombes. et permettent de voir et de visiter un plus grand nombre de tombes.

---

(1) Voir ci-dessus, page 11.

VIII. — LES THERMES

Description. — « Au pied de Bordj-el-Djedid, il est une ruine immense, dont les restes confus, présentant l'aspect d'un véritable chaos, échapperont encore longtemps à une destruction complète, parce qu'elle consiste dans d'énormes pans de murs en blocage, renversés pêle-mêle sur le sol, comme par un tremblement de terre. » (1)

Ce sont les restes imposants de vastes Thermes, comme permettait de le conjecturer leur nom de *Dermèche* que leur donnent les indigènes, et comme l'a prouvé une inscription découverte par M. Vernaz. Le texte nous apprend que ces *Thermes* ont été construits, ou peut-être seulement restaurés et embellis avec l'autorisation, *ex permissu*, de l'empereur Antonin et de la famille impériale, vers l'an 145, époque où Antonin était consul pour la quatrième fois. Cet empereur y est appelé T. AELIVS. HADRIANVS, et porte les surnoms honorifiques de *Germanicus* et de *Dacius*. On devait aussi y lire celui de *Mauricus*. Les travaux, entrepris au milieu du IIᵉ siècle pour ces Thermes, semblent avoir été exécutés à l'occasion de la construction de l'aqueduc de Zaghouan, attribué à l'empereur Hadrien. (2)

Ces Thermes recevaient l'eau des citernes voisines par un conduit mesurant 1 m. 70 de largeur, environ 3 m. 35 de hauteur et 270 mètres de longueur. A sa sortie des citernes, après avoir suivi la direction sud sur une longueur de 160 mètres, il forme un coude presque à angle droit pour se diriger vers les Thermes. Des regards de forme carrée, pratiqués de 10 mètres en 10 mètres, permettaient de le visiter ; mais la voûte s'est effondrée sur une longueur de 100 mètres.

Le long de ce conduit, à une profondeur variant de 4

---

(1) Victor Guérin, *Voyage dans la Régence de Tunis*, tome I, page 63.

(2) P. Delattre, *Inscriptions latines de Carthage*, 1884-1886, (Epigraphie païenne) page 13.

à 6 mètres, 22 tombeaux phéniciens entièrement taillés dans le roc, sans adjonction de maçonnerie, ont été déblayés: il en a été retiré une soixantaine de vases de diverses grandeurs, de nombreuses lampes d'époque phénicienne, et quelques poteries de genre étrusque, dont les dessins noirs sur fond gris ou brique sont parfaitement conservés (1).

Le quartier de Dermèche est peut-être celui de Carthage où l'on rencontre le plus d'antiquités de tous les âges. Il était naguère encore fort riche en colonnes de marbre. Les Arabes se rappellent en avoir vu un grand nombre encore debout.

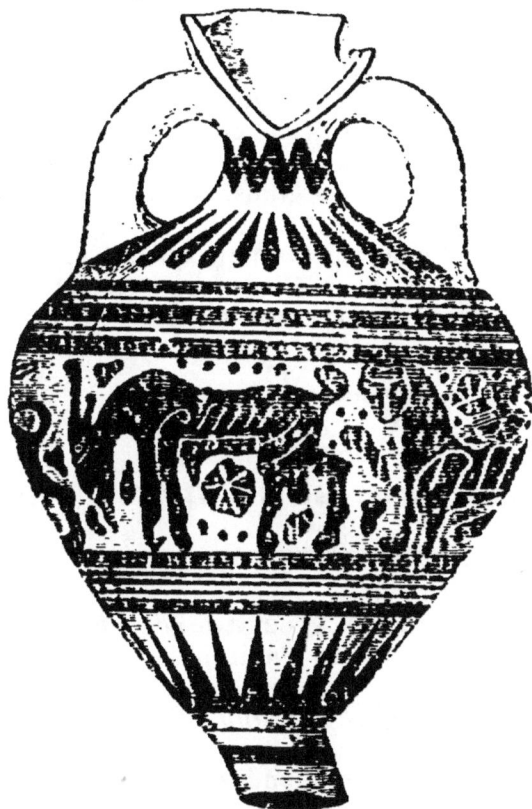

Vase grec.

Ils se souviennent aussi des fouilles de Sir Thomas Read. « Ce dernier, dit M. Beulé (2), a fait fouiller une basilique bâtie par Thrasamond, roi vandale, et emporter en Angleterre les colonnes de marbre veiné qu'il y a trouvées. Il n'a laissé que quelques fûts brisés; deux autres fûts, acheminés vers l'exil, ont été abandonnés sur la grève

(1) P. Delattre. *Les tombeaux puniques de Carthage* (Extrait des Missions Catholiques) pp. 85 et suiv.

(2) Beulé. *Fouilles à Carthage*, pp. 18-19.

où le flot les ronge chaque jour. « On venait exprès de
Tunis pour assister par curiosité à l'embarquement de ces
colonnes, qui, portées sur des chalands, étaient ensuite
chargées sur des vaisseaux de guerre mouillés vis à vis de
Carthage.

Histoire. — Malgré ces découvertes, on n'a pu assigner,
d'une manière certaine, à ces Thermes, le nom qu'ils
portaient dans l'antiquité. Carthage comptait un grand
nombre d'édifices de ce genre : Thermes de Maximien, de
Théodora, de Thrasamond, de Gargilius, etc. On ne saurait
préciser leur emplacement respectif.

Eusèbe et saint Optat nous apprennent, qu'au temps des
persécutions, des milliers de chrétiens furent condamnés
aux travaux des carrières pour la construction de ces bains.

IX. — CITERNES DU BORD DE LA MER

Avant la restauration. — « A l'ouest de Bordj-el-Djedid,
a la distance de deux cents pas environ, s'élevaient les
restes de magnifiques citernes, que les Arabes désignent
sous le nom de *Donamès-ech-chiatinn'* (Souterrains des
diables.)

» Ces vastes réservoirs, moins étendus toutefois que ceux
de la Malga sont regardés, à juste titre, comme l'un des
monuments les plus remarquables de Carthage.

» Entièrement construits en maçonnerie de blocage, ils
sont revêtus de plusieurs couches de ciment superposées.
Au nombre de dix-huit, ils sont parallèles et séparés les
uns des autres par un mur épais. Ils mesurent 30 mètres de
longueur, 7 m. 50 de largeur, 9 mètres de profondeur (jusqu'à
la naissance des voûtes), et 11 m. 95 depuis le sommet des
voûtes jusqu'au fond du réservoir (1). » Leur contenance
totale est de 35.000 à 40.000 mètres cubes.

---

(1) Victor Guérin. *Voyage dans la Régence de Tunis*, tome I,
page 64.

Ces bassins étaient desservis et surveillés au moyen de deux galeries latérales, longues de 135 mètres et larges de 2 m. 50.

Après la restauration. — A la suite d'un examen de l'état de ces citernes, encore presque intactes après quinze siècles d'existence, le Gouvernement Tunisien vota les fonds nécessaires pour leur restauration.

Les bassins, à demi comblés par la terre et des débris de toutes sortes, furent vidés ; les voûtes furent réparées : une épaisse couche de ciment recouvrit tous les murs de l'édifice et des bassins.

Vase grec.

Au moyen de tuyaux en fonte, moins coûteux à établir que les arches et les conduits de l'aqueduc romain, le trop-plein des eaux du Zaghouan et du Djouggar est amené de Tunis, et se déverse dans ces immenses citernes qui, à leur tour, peuvent fournir à Carthage, à la Goulette et aux villages intermédiaires une eau précieuse surtout dans les années de sécheresse.

Devant la façade, de profondes excavations ont été pratiquées, à l'époque de la restauration, pour étudier le mode de distribution des eaux dans les différents quartiers de Carthage, situés du côté de la mer. (1)

A l'extérieur, à gauche, on aperçoit encore les ruines d'une maison : quelques pans de murs, des tronçons de colonnes et des fragments de mosaïques subsistent seuls.

La nécropole punique. — En 1889, en régularisant les talus de la tranchée, on mit à jour plusieurs tombeaux

_____

(1) Pour visiter, s'adresser au gardien.

puniques. M. Vernazet, après lui. M. Audemard, officier de
marine, continuèrent les fouilles. Ils découvrirent environ
vingt-cinq caveaux, renfermant des squelettes presque tous
réduits en poussière, et différents objets tels que vases,

Vase grec.

lampes, patères. Ces tombeaux étant d'un accès impossible
ou dangereux, nous nous bornons à en signaler l'existence. (1)

X. — BORDJ-EL-DJEDID

En continuant à s'avancer dans la direction de l'Est, on
arrivait, jusqu'à ces derniers temps, à un fortin turc, appelé
« Bordj-el-Djedid » (Fort-Neuf). Avant l'occupation française, il était armé de quelques canons et défendu par une

(1) P. Delattre. *Les tombeaux puniques de Carthage.* (Extrait
des *Missions catholiques*) pp. 85 et suiv.

faible garnison. En 1895, le génie militaire y a substitué une batterie de quatre pièces. (1)

Le fortin turc qui, jusqu'à l'érection de la chapelle Saint-Louis, à Byrsa, aurait été, dit-on, connu sous le nom de Fort Saint-Louis, avait remplacé lui-même un édifice antique assez considérable, si l'on en juge d'après les substructions qui s'étendent du côté de la mer. Des ouvriers, extrayant des matériaux de construction de ces ruines, que l'on pense être celles d'un grand escalier, évaluent à 100 mètres cubes environ la quantité de marbre cipolin, provenant d'énormes colonnes brisées, et qui se trouvait là mêlé à des débris de corniches, de chapiteaux, de bas-reliefs et de chancels (2). Ce vaste édifice était entouré d'un mur en blocage, en grande partie encore visible, mesurant plus d'un mètre d'épaisseur.

Les travaux de construction de la nouvelle batterie ont nécessité le déblaiement de citernes romaines. Elles forment deux groupes de chacun douze réservoirs, profonds de 15 mètres : l'un se trouve sous le fortin, l'autre en dehors. Dans celui-ci on a trouvé des lampes chrétiennes, quelques vases de bronze, un énorme morceau de marbre blanc et une inscription. Le bloc de marbre, de 1 m. 68 de tour, pris d'abord pour une portion de torse, n'est autre chose qu'un fragment de bras. La statue à laquelle il appartenait était donc vraiment colossale. Saint Augustin dit que, de son temps, on voyait à Carthage une statue d'Hercule dont la barbe était dorée : ce dieu a pu avoir un temple dans cette ville.

Citons enfin un bandeau d'or, large de 0 m. 017 et de 0 m. 095 de diamètre. Le pourtour est orné de sertissures enchâssant douze pierres précieuses ; trois ont disparu. Les neuf autres, restées en place, sont des grenats, des racines d'émeraude, une pierre blanche et transparente comme du cristal de roche. Tel quel, l'objet ne pèse que 15 grammes. Il offre cependant pour l'histoire de l'archéologie, à Carthage, un intérêt tout particulier (3).

---

(1) On ne peut visiter la batterie qu'avec la permission écrite de M. le Général commandant la Division d'occupation.

(2) P. Delattre. *Inscriptions latines de Carthage* (1881-1886) (Epigraphie païenne) p. 11.

(3) P. Delattre. *Carthage, notes archéologiques*, 1892-1893 (Extrait du *Cosmos*) p. 15.

Au-dessous de l'endroit occupé par les pièces de canon, à une profondeur variant de 13 à 21 mètres, les ouvriers ont trouvé des tombeaux puniques. Les vases et les lampes, qui en composaient le mobilier funéraire, différaient par leur forme des vases et des lampes trouvés à la nécropole du *Serapeum* et de Byrsa.

XI. — KOUBBA BENT-EL-RÉ

Entre les grandes citernes et Borjd-el-Djedid, existe une construction souterraine, connue chez les Arabes sous le nom de Koubba Bent-el-Ré, que l'on a pompeusement appelée *Bains de Didon*.

Un couloir large de un mètre et long de dix ou douze, s'enfonce dans le sol et conduit à une salle de sept mètres de long sur trois mètres de large, prenant jour au sommet par cinq ouvertures rondes, de cinquante centimètres de diamètre, et disposées en forme de croix.

Deux étuves, séparées par un mur épais de 0 m. 60, s'ouvrent sur cette chambre, et présentent chacune une longueur de 3 m. 20 sur une largeur de 2 m. 75. Elles reçoivent le jour d'en haut par quatre ouvertures dont deux circulaires, les deux autres carrées. La hauteur totale est d'environ cinq mètres. On y remarque encore des restes de peintures assez fines, qui, malheureusement, tendent à disparaitre.

XII. — DAMOUS-EL-KARITA

Les basiliques chrétiennes de Carthage. — Dans

cette capitale déjà si renommée pour la magnificence de ses édifices, l'Eglise s'illustra en élevant les monuments religieux les plus remarquables : l'Eglise appel!e *Restituta*, et *Perpetua Restituta* où les évêques avaient établi leur demeure permanente ; elle doit être la même que la *Basilica Major* ou *Majorum*, rendue auguste par le tombeau des saintes martyres Perpétue et Félicité ; *Basilica Fausti;* la basilique des martyrs Scillitains ; de Gratien ; des Nouvelles (*Novarum*); de Théodose ; d'Honorius ; des Tricilles ou des Pavillons ; de saint Pierre, dans la troisième région; de saint Paul, dans la sixième région; de Théoprépia ; du martyr Julien; des Tertullianistes, qui fit retour aux catholiques au temps de saint Augustin; de Thrasamond ; de la *Mère de Dieu*, dans le palais du proconsul à Byrsa ; de sainte Prime ; des martyrs d'*Abitina;* de Célerine, près de laquelle était le monastère de *Bigua*, où furent déposées les reliques des sept moines de *Capsa*, mis à mort par Hunéric. Justinien construisit près du *Mandracium* un second monastère. Trois sanctuaires étaient dédiés à saint Cyprien : l'un s'élevait sur le lieu où il avait versé son sang, l'autre sur celui où son corps fut enseveli, et qu'on appelait les *Mappales;* le troisième en vue du port, où sainte Monique, pendant la fuite d'Augustin, passa la nuit en prières. (1)

Tous ces sanctuaires n'ont pas été plus respectés par les vainqueurs que les temples païens; il est donc presque impossible d'en déterminer l'emplacement certain. L'un d'eux, cependant, a été découvert. Voici en quelles circonstances.

Découverte d'une basilique. — Un jour que le P. Delattre se rendait à Sidi-Bou-Saïd pour voir un malade, son attention fut attirée par quelques fragments d'inscriptions, qui gisaient épars, à deux cent cinquante mètres des anciens remparts et de la butte appelée par les indigènes *Bab-er-Rih* (Porte du vent), et près d'un terrain connu sous le nom de *Bir-er-Roumi* (Puits du chrétien). Des petits bergers arabes, chargés de recueillir les fragments d'inscriptions, en apportèrent bientôt en grand nombre au P. Delattre : c'étaient des inscriptions chrétiennes.

---

(1) Mgr Toulotte, *Géographie de l'Afrique chrétienne; Proconsulaire*, p. 71 et suiv.

Les fouilles. — Des fouilles furent pratiquées, grâce aux ressources fournies par de généreux donateurs. Le Cardinal Lavigerie, dans sa lettre à M. le Secrétaire Perpétuel de l'Académie des Inscriptions et Belles-Lettres, le P. Delattre dans ses divers écrits, signalèrent à l'attention du monde savant la découverte de ce monument vénérable de l'antiquité chrétienne. Ce n'est qu'après de longues années d'un travail persévérant, que l'on parvint à enlever les 25.000 mètres cubes qui recouvraient comme d'un linceul cette basilique, en dresser un plan détaillé et publier les 14.000 inscriptions qui en jonchaient le sol.

Description. — Si, du chemin, l'on examine les ruines, on remarque dans l'ensemble trois parties distinctes : à gauche, l'*atrium* semi-circulaire avec son *trichorum* et son *nymphaeum* ; au milieu, la basilique proprement dite ; à droite, une seconde basilique, contiguë à la première, et renfermant le baptistère.

1° L'atrium. — Cette sorte d'*araea* et d'*atrium* semi-circulaire (1), à ciel ouvert, était entourée d'une galerie couverte, formée par des colonnes. Au point saillant de sa courbe et vis-à-vis de la porte centrale de la basilique, l'*araea* donne accès dans un *trichorum* réservé, croit-on, à la sépulture des martyrs.

2° La basilique proprement dite. — Longue de 65 mètres, large de 45 mètres, et de forme rectangulaire, la basilique ne comptait pas moins de neuf nefs, séparées par huit rangées de piliers, près desquels on a retrouvé les colonnes avec la plupart de leurs chapiteaux.

La principale nef, la nef centrale, mesurait 12 m. 80 de largeur. A la croisée, point de rencontre avec le transept, c'est-à-dire au centre de la basilique, on a trouvé quatre bases de gros piliers et les éléments du *ciborium*, qui abritait l'autel. Le fût des colonnes était de marbre vert, la base et le chapiteau étaient de marbre blanc. L'autel, sans doute tout en bois, selon l'usage dans l'Église d'Afrique,

---

(1) On ajouta, en effet, devant un grand nombre de basiliques un *atrium* ou *parcis*, environné d'un péristyle sous lequel se tenaient les catéchumènes pendant la célébration des Saints Mystères, auxquels il ne leur était pas permis d'assister.

n'a pas été retrouvé. A l'exception d'un caveau funéraire, (1)
situé près de l'un des gros piliers du chœur et du sanctuaire,
les citernes que l'on a découvertes sont antérieures à
la construction de la basilique.

3° **La basilique du baptistère.** — Inférieure en dimensions, mais contiguë à la basilique principale, cette seconde
basilique servait principalement à l'administration du
sacrement de baptême. Au centre, on voit le baptistère, de
forme hexagonale, avec trois degrés sur deux de ses côtés.
L'intérieur du bassin était revêtu de marbre vert.

On ne peut se défendre d'une sainte et légitime émotion
à la pensée que c'est de ce baptistère, où ils avaient reçu
le sacrement de la régénération, et de cette basilique où
ils s'étaient nourris du Pain des Forts, qu'une foule de
chrétiens de l'Eglise de Carthage sortaient pour aller au
martyre !

Le cimetière actuel occupe l'emplacement d'une partie
du cimetière antique, où l'on ensevelissait les fidèles que
leur rang à Carthage, ou le manque de place ne permettait
pas d'inhumer dans la basilique.

Résultats. — Les quatorze mille textes épigraphiques (2),
fournis par les fouilles, sont pour la plupart incomplets :
mais on y a lu la mention de *basilicae, ecclesiae, cancellos,
episcopus, presbyter, diaconus, subd(iaconus), acolutus,
lector,* et une foule de noms puniques, grecs, latins,
appliqués aux pieux fidèles qui avaient reçu en ce lieu
saint, près de la tombe des martyrs, la sépulture chrétienne,
usage qui s'est perpétué, même après l'ère des persécutions.

Les bas-reliefs, au nombre d'une centaine, proviennent
presque tous de sarcophages semblables à ceux de Rome :
beaucoup ont pour sujet le Bon Pasteur et la Multiplication

---

(1) On avait coutume primitivement de déposer les reliques du
saint dans un caveau creusé immédiatement au-dessous de l'autel.
Ce caveau fut nommé *Confessio,* et plus généralement *Martyrium.*
On y descendait par un double rang de marches placées derrière
l'autel ou à ses côtés. Cette crypte, de petite dimension, fut ordinairement décorée avec un grand luxe. (Abbé Bourassé, *Archéologie chrétienne,* p. 83).

(2) P. Delattre, *Inscriptions chrétiennes de Carthage, provenant
de la Basilique de Damous-el-Karita* (1890-1891). Extrait du *Recueil
de Notices et Mémoires de la Société Archéologique de Cons-
tantine.* (Vol. XXVII, année 1892.)

des Pains. C'est là qu'ont été trouvés les deux bas-reliefs de marbre représentant: l'un, l'Ange annonçant aux bergers la naissance du Sauveur, l'autre l'Adoration des Mages (1). On les fait remonter au IV⁰ siècle.

Les lampes provenant des fouilles ont contribué à compléter et à enrichir la précieuse collection des lampes chrétiennes, exposée au Musée.

Il reste encore à déblayer les bâtiments très considérables qui entourent la basilique, et qui devaient servir de demeure à l'évêque et à son clergé, car cette basilique devait avoir son *presbyterium* et son *secretarium* ou *diaconicum*.

Le nom de *Damous-el-Karita*, donné par les Arabes à l'ensemble de ces ruines, a été l'objet de différentes hypothèses (2). Ni ces hypothèses, ni les fouilles, ni les textes épigraphiques n'ont permis de tirer une conclusion certaine sur le nom et l'origine de cette vénérable basilique, qui peut prendre rang parmi les monuments les plus anciens de l'art chrétien. Il y a lieu, cependant, de croire que c'était la *Basilica Major* (3).

XIII. — SAINTE MONIQUE

En 1886, l'Eminent Cardinal appelait à Carthage des Sœurs Franciscaines de Marie (4). Les œuvres essentielles de cet Institut, dans les pays de Mission, sont l'éducation de l'enfance et l'Adoration perpétuelle du Très-Saint-Sacrement. Dans leur maison, appelée aujourd'hui les *Larmes*

(1) Voir ci-dessus, page 30.

(2) *Domus caritatis*, maison de la charité; Δόμος Χάριτος, maison de grâce; *Damous-el-Karita*, souterrain de la charette.

(3) P. Delattre. *La basilique de Damous-el-Karita.*

(4) Mgr Grussenmeyer. *Vingt-cinq années d'Episcopat en France et en Afrique*, tome II, page 135.

de Sainte-Monique, parce qu'elle est située sur le lieu même où, selon la tradition, Monique pleura si amèrement la fuite de son Augustin, ces religieuses ont établi un pensionnat et un orphelinat pour les jeunes filles. Leur chapelle est devenue le centre de l'Adoration perpétuelle du Très-Saint-Sacrement dans le diocèse de Carthage (1) et, depuis le 4 mai 1895, d'une Association des Mères chrétiennes, sous le patronage de sainte Monique.

XIV. — SIDI-BOU-SAID

Le village de Sidi-Bou-Saïd, construit sur le penchant des collines de l'ancien Cap de Carthage, porte le nom d'un marabout, en telle vénération chez les musulmans, qu'un pèlerinage à son tombeau, sur lequel s'élève la mosquée, peut, en cas d'impossibilité, suppléer au pèlerinage de la Mecque (2).

Le phare, au sommet de la colline, s'appuie en partie sur d'anciennes constructions romaines. Il domine tout le golfe de Tunis, les îles Zimbra et Zimbretta, le cap

---

(1) Card. Lavigerie : Lettre sur l'histoire du dogme et du culte de la Sainte Eucharistie dans l'ancienne Église d'Afrique, et Mandement pour l'établissement de l'Adoration perpétuelle dans le diocèse de Carthage (2 février 1886.)

(2) « Dans la nuit du lundi 16 chaâban de l'année 640 de l'hégire (environ 1243 après Jésus-Christ) est mort à Tunis le cheikh Sidi-bou-Saïd-el-Baji. Il a été enterré au Djebel-Marsa, dans le cimetière connu, situé près du phare. » Le texte de la chronique arabe, que nous venons de citer, montre ce que l'on doit penser des légendes, relatives à Saint-Louis, et attribuées aux Arabes. Après la conclusion de la paix, avec Mohammed-el-Mostancer-Billah, dit l'une, saint Louis, resté à Carthage, aurait embrassé l'islamisme, se serait fait marabout et aurait changé son nom pour prendre celui de *Bou-Saïd*. Suivant une autre légende, Allah aurait envoyé, au saint roi mourant, deux anges pour le convertir à l'Islam. Ces anges, leur mission remplie avec succès, l'auraient pieusement enseveli de leurs mains là, où depuis, et en son honneur, s'élèvent le village et la mosquée du *Père du Bonheur*, (Sidi-bou-Saïd).

de Bizerte, et le Cap Blanc. De la lanterne, c'est-à-dire à
141 m. 70 au-dessus du niveau de la mer, on peut voir, par
un temps clair, les vaisseaux venant de Malte, de Sicile ou
du sud de la Tunisie, doubler le Cap Bon. L'aspect du
village n'est pas moins curieux : les terrasses des maisons
arabes formant comme les marches d'un vaste escalier,
présentent aux regards leur surface plate, blanchie à la
chaux. Des cyprès, des orangers, des mûriers, qui émergent
des cours intérieures, viennent seuls rompre la monotonie
du paysage, et, par la verdure de leur feuillage, reposer
les yeux éblouis par l'éclatante blancheur des maisons.

Près du phare, il y a un poste-vigie militaire, et, un peu
plus haut, un cimetière musulman et une koubba. Celle-ci
est construite sur le tombeau d'un derviche qui coula ses
jours dans un continuel repos. *Bou-Djebel*, l'Homme de
la Montagne (c'était son nom) avait, dit la tradition locale,
une longue barbe et un gros ventre. Il est mort depuis
plus de deux siècles.

Sidi-bou-Saïd n'a fourni, jusqu'à présent, au point de
vue archéologique, que des sépultures puniques, de petits
groupes de tombes romaines, appartenant aux débuts de la
seconde Carthage, et une poterie sortie de la fabrique d'un
potier carthaginois, du nom de MAPAN. On n'y a pas rencontré de tombeaux chrétiens.

XV. — LA MARSA

Situé au nord de Carthage, le village de la Marsa s'étend
sur les bords de la mer, entre les collines de Sidi-Bou-
Saïd et celles de Gamart. S. A. le Bey de Tunis l'habite
avec sa famille, ses ministres et les principaux officiers de
sa Cour; les soldats de sa garde y ont une garnison (1). La

(1) L'armée beylicale, ou, plus exactement, la garde beylicale,
composée de sujets tunisiens, comprend : deux généraux de division; un général de brigade, premier aide-de-camp, commandant
la garde; un bataillon d'infanterie, un peloton de cavalerie, trois
sections d'artillerie, une section de musique; soit un total d'environ 787 hommes. La direction en est confiée à un commandant
français, chef de la Mission militaire auprès du Bey de Tunis.

Résidence française y possède une maison d'été ; le palais
de l'Archevêché, construit par S. E. le Cardinal Lavigerie,
s'élève entre la Marsa et Sidi-Bou-Saïd, au pied des coteaux
de *Sidi-Drif.* (1)

La Marsa, cet antique faubourg de Carthage, cache sous
ses jardins et ses plants d'oliviers des monuments épigraphiques : on y a, en effet, trouvé des tombeaux païens et
chrétiens, des épitaphes, des lampes et des monnaies, et
dernièrement, près de Bir-el-Bey, sur la route de la Marsa
à la Goulette, les ruines d'une basilique chrétienne.

XVI. — GAMART

Les collines de Gamart, ou *Djebel-Khaouï* (montagne
creuse) renferment de nombreuses chambres funéraires que
l'on a cru jusqu'à ces dernières années, être la nécropole
punique de Carthage. Mais leur disposition identique aux
sépultures de la Palestine, à celles en particulier de Jéru-
salem, ne permet pas d'y reconnaitre autre chose qu'une
nécropole juive (2).

Cent trois chambres funéraires ont été visitées ; elles sont
d'une remarquable uniformité : elles mesurent 3 m. 70 de
large ou six coudées, et 5 m. 50 à 6 m. 70 de long, c'est-à-
dire de dix à douze coudées, suivant le nombre des *loculi*,
que les Juifs nommaient *quoquim*. Il y a quinze *quoquim*
au moins et dix-sept au plus. Or ces dimensions sont
exactement celles du Talmud.

Le chandelier à sept branches, tracé ou peint sur l'enduit
intérieur des chambres, ainsi qu'un fragment d'inscription
hébraïque prouvent que cette nécropole était le cimetière
de la colonie juive de Carthage à l'époque romaine (3).

(1) Ces palais ne sont pas ouverts au public.

(2) Marquis de Vogüé : *Note sur les Nécropoles de Carthage*
(Extrait de la Revue Archéologique, 1889).

(3) P. Delattre, *Gamart ou La Nécropole juive de Carthage*
(Extrait des Missions Catholiques, décembre 1894-janvier 1895).

CONCLUSION

Nous ne saurions mieux terminer ce travail qu'en transcrivant ici une page extraite d'une lettre que S. E. le cardinal Lavigerie, adressait à ses Missionnaires, chargés de desservir le sanctuaire de Saint-Louis de Carthage. (1)

Après quelques considérations élevées sur la vie du saint roi, l'Éminent Prélat ajoute :

« Il semble qu'en menant saint Louis, pour y mourir, sur cette colline où fut le centre de Carthage, Dieu ait voulu placer sa tombe au milieu de toutes les splendeurs de la nature et des plus grands souvenirs de l'histoire des hommes, comme pour l'entourer d'un éclat sans rival.

« N'en avez-vous pas eu déjà la pensée, au soir d'une de ces journées d'Afrique, si belles quand elles sont belles, lorsque, du haut de son sanctuaire, vous promeniez autour de vous votre regard charmé ? Ce soleil, qui va lui aussi rentrer dans l'ombre, dorant de ses derniers feux les sommets de l'Atlas; cette mer immense et paisible d'où s'élèvent en amphithéâtre, le long du rivage, les collines et les montagnes, avec leurs teintes enchanteresses; ce ciel diaphane qui semble ouvrir aux regards comme à la pensée les espaces infinis ; ces lacs bleus, ces blanches murailles de la Goulette et de Tunis, cette terre aux feuillages sombres, couverte déjà, dans les bas-fonds, des ombres transparentes de la nuit; cette rade magnifique, ces ruines éparses, ce grand silence des solitudes avec son incomparable majesté, y a-t-il au monde tableau plus admirable ?

« Et si, au milieu de ce silence, votre mémoire évoque les morts, quels noms et quels souvenirs se groupent autour du souvenir de saint Louis !

« A la place même où s'élève son autel (2), la Fable a placé

---

(1) *Saint Louis, roi de France, et son tombeau sur les ruines de Carthage.* Lettre de S. E. le Cardinal Lavigerie à ses Missionnaires.

(2) Sur le même sujet, voir : Chateaubriand, *Itinéraire*; V. Guérin, *Voyage dans la Régence de Tunis*, t. I.

le bûcher de Didon. C'est aussi là que, cinq siècles avant
notre ère, régnaient les maîtres de l'Afrique, de la Sicile,
de la Sardaigne, des îles de la Méditerranée, de l'Espagne :
Magon le Grand, Amilcar. C'est de là que partaient avec
Hannon ces expéditions audacieuses qui découvraient
les côtes de l'Océan, les îles Britanniques, l'Islande,
l'Amérique, que le monde ancien devait perdre, et que
Colomb devait retrouver, un jour. C'est là que Régulus
devint, selon la belle parole de Bossuet, plus illustre par
sa prison que par ses victoires. C'est de là que part
Annibal pour balancer un moment la fortune de Rome et
revenir assister à la ruine de sa patrie. C'est là qu'appa-
raissent, tour à tour, en vainqueurs ou en fugitifs, les deux
Scipions, Marius, César, Caton, et plus tard Genséric avec
ses Vandales, et Bélisaire, et enfin les farouches Kalifes
qui étendent, pour des siècles, sur tant de ruines, le voile
sanglant de l'oubli. Et, au milieu de ces sombres figures,
les douces images de Cyprien, de Félicité, de Perpétue,
d'Augustin, de Monique, cette autre mère d'un autre roi
qui ne monta pas, il est vrai, sur un trône, mais qui n'en
règne pas moins, depuis tant de siècles, sur les esprits et
sur les cœurs. Moins heureuse que Blanche de Castille,
elle ne put préserver son fils des atteintes du mal; mais
elle le sauva par ses larmes, ces larmes maternelles si
abondamment répandues par elle, en ce lieu même, dans la
petite chapelle, bâtie près de la mer, au pied de la colline,
où elle passa la nuit cruelle qui suivit la fuite de son fils.

« Voilà la scène illustre où saint Louis va quitter la terre,
où, après tant de morts, dans lesquelles éclatent, avec une
sombre fureur, l'orgueil déçu, la volupté, la cruauté, toutes
les rages des passions humaines, il va donner au monde le
spectacle d'une mort sanctifiée par l'amour, par les plus
sublimes espérances, par ces leçons d'un roi mourant,
éternellement dignes des méditations des princes et de la
reconnaissance des peuples chrétiens. »

LÉGENDE

État ancien

- ▬▬ Rempart.
- •••• Quais.

1 Temple d'Esculape — Palais du Proconsul.
2 Mur aux amphores.
3 Flanc S. O. de la colline Saint-Louis — Nécropole punique, ruines romaines.
4 Cirque.
5 Amphithéâtre.
6 Cimetière des Officiales Proconsulis, Bir-Djebbana.
7 Villa de Scorpianus.
8 Malga : Grandes Citernes.
9 Ruines de l'Aqueduc de Zaghouan.
10 Agora et Forum.
11 Môle et entrée des Ports.
12 Port marchand.
13 Cothon ou Port militaire.
14 Odéon.
15 Sérapeum et Nécropole punique.
16 Thermes — Dermèche.
17 Citernes du bord de la mer.
18 Bains de Didon? Koubba-bent-el-Ré.
19 Basilique de Damous el Karita.
20 Gamart — Nécropole Juive.
36 Chapelle souterraine antique.

État actuel

- ▬▬ Chemin de Fer.
- ═══ Chemins carossables.

21 Cathédrale de Saint-Cyprien et de Saint-Louis.
22 Ancienne chapelle Saint-Louis.
23 Musée — Grand Séminaire des Pères Blancs.
24 Monastère du Carmel et chapelle de Notre-Dame de la Melleha.
25 Institution Lacigerie.
26 Batterie de Bordj el Djedid.
27 Sainte Monique — Chapelle et Pensionnat.
28 Sidi-Bou-Saïd — Phare (III°70).
29 Eglise de La Marsa.
30 Palais de S. A. le Bey.
31 Palais de l'Archevêché.
32 Palais d'été de la Résidence Française.
33 Palais du Prince Taïeb Bey.
34 Campagne du Consulat Anglais.
35 Croix de Saint-Cyprien.
37 Sœurs Missionnaires d'Afrique — Refuge du Bon Pasteur.

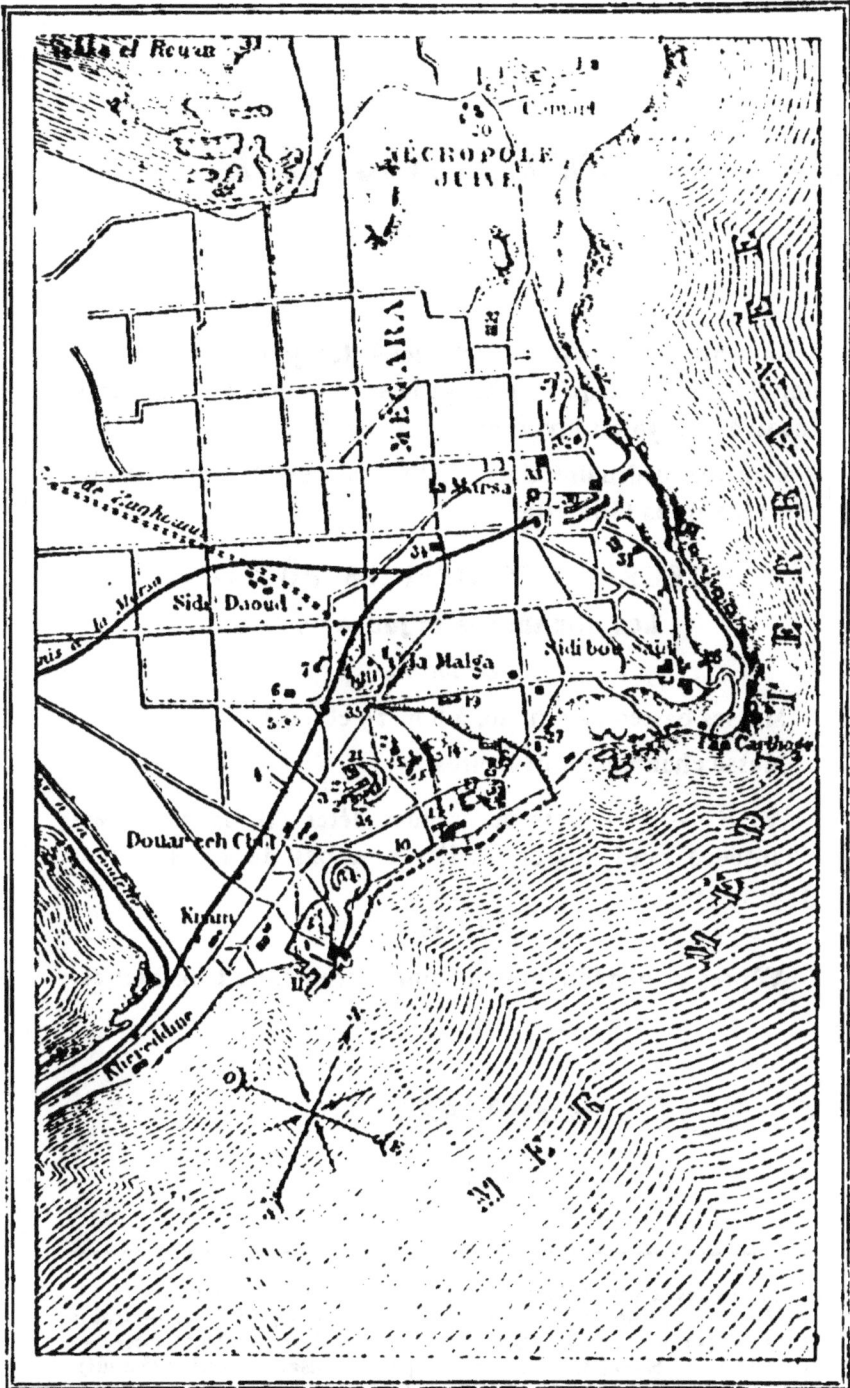

PLAN DE CARTHAGE ET DE SES ENVIRONS

CATHÉDRALE

La Cathédrale est ouverte tous les jours : le matin, depuis 5 h. 15 jusqu'à 11 h. 15 ; le soir, depuis midi et demi jusqu'à 5 h. 30 en hiver, et 6 h. 45 en été.

L'entrée ordinaire de la Cathédrale est la petite porte qui regarde la Goulette.

HEURES DES OFFICES PUBLICS
Les dimanches et jours de fête

Le matin

Messes basses : à 5 h. 30, à 6 h. 15 et à 9 h. 30.

Messe chantée à huit heures.

N. B. — Les jours de grandes fêtes (1), la messe est chantée à neuf heures, et il n'y a pas de messe basse à 9 h. 30.

Le soir

Vêpres et bénédiction du Saint Sacrement à trois heures.

------

(1) Ces fêtes sont : Saint François-Xavier (3 décembre). — Immaculée-Conception (3 décembre) — Noël. — Epiphanie. — Saint Joseph (19 mars). — Pâques. — Ascension. — Pentecôte. — Fête-Dieu. — Sacré-Cœur. — Assomption. — Saint Louis (25 août). — Saint Cyprien (16 septembre). — La Toussaint.

MUSÉE

Le Musée est visible les *Dimanche*, *Lundi*, *Jeudi*, *Vendredi* et *Samedi*, de 2 heures à 5 heures 30 du soir.

Les *Dimanches* et *jours de fête*, le Musée est fermé durant le temps des offices, qui ont lieu ordinairement : le matin, de huit heures à dix heures ; l'après-midi, de trois à quatre heures. Immédiatement après la grand'messe, on obtient facilement de le visiter.

Par exception, le Musée est ouvert tous les autres jours de la semaine pour les visiteurs auxquels leur trop court séjour en Tunisie ne permettrait pas de se conformer aux indications ci-dessus mentionnées. Dans ce cas, **ils devront adresser à l'avance une demande au Directeur du Musée soit par lettre, soit par télégramme**, (1) en indiquant l'heure à laquelle ils comptent se présenter (2).

N. B. — Pendant la *Semaine Sainte*, le Musée est rigoureusement fermé depuis le *mercredi* jusqu'au *samedi* inclusivement, à cause des offices publics de la Cathédrale et des exercices religieux des Missionnaires.

---

(1) Il y a, à Carthage, un bureau des Postes et Télégraphes.

(2) Les personnes qui désirent étudier plus en détail les ruines de Carthage pourront se procurer, au Musée de Saint-Louis, les brochures spéciales qui se vendent au profit des fouilles.

TABLE DES MATIÈRES

ͻͼϲ🕉Ϲͻͽ

LILLE. — IMPRIMERIE VICTOR DUCOULOMBIER.

www.ingramcontent.com/pod-product-compliance
Lightning Source LLC
Chambersburg PA
CBHW060638100426
42744CB00008B/1681